ECONOMIA & PLANEJAMENTO 33

Série "Obras Didáticas" 9

direção de
Tamás Szmrecsányi
Jorge Miglioli

ECONOMIA & PLANEJAMENTO

TÍTULOS EM CATÁLOGO

Série "Teses e Pesquisas"

Capital Comercial, Indústria Têxtil e Produção Agrícola, Rui H. P. L. de Albuquerque
Política da Borracha no Brasil: a Falência da Borracha Vegetal, Nelson Prado Alves Pinto
As Soluções Energéticas e a Economia Brasileira, Fernando Homem de Mello e Eli Roberto Pelin
Petroquímica e Tecnoburocacia: Capítulos de Desenvolvimento Capitalista no Brasil, Marcus Alban Suarez
A Grande Empresa de Serviços Públicos na Economia Cafeeira, Flávio A. M. de Saes
Condições de Trabalho na Indústria Têxtil Paulista, Maria Alice Rosa Ribeiro
A Pré-História da Economia, Ana Maria Bianchi
Dinâmica e Concorrência Capitalista: uma Interpretação a Partir de Marx, Mario Luiz Possas
Autoritarismo e Crise Fiscal no Brasil (1964-1984), Fabrício Augusto de Oliveira

Série "Obras Didáticas"

Análise de Regressão: uma Introdução à Econometria, Rodolfo Hoffmann e Sônia Vieira
Recursos Ociosos e Política Econômica, Ignacio Rangel
Estruturas de Mercado em Oligopólio, Mario Luiz Possas
Lições de Economia Política Clássica, Maurício Chalfin Coutinho
Teoria Econômica do Desemprego, Edward Amadeo e Marcello Estevão
Raízes do Capitalismo Contemporâneo, Fernando Pedrão
Limites da Acumulação Capitalista: um Estudo da Economia Política de Michal Kalecki, Assuéro Ferreira

Série "Teoria Contemporânea"

Crescimento e Ciclo das Economias Capitalistas, Michal Kalecki. Ensios organizados por Jorge Miglioli
Progresso Técnico e Teoria Econômica, Garegnani, Steindl, Sylos-Labini, Harris, Nell, Łaski e Izzo & Spaventa
Origens da Economia Contemporânea, G. L. S. Shackle
Relações Entre Custo e Quantidade Produzida, Piero Sraffa
Pequeno e Grande Capital, Josef Steindl

Marx:
Notas sobre
a Teoria do Capital

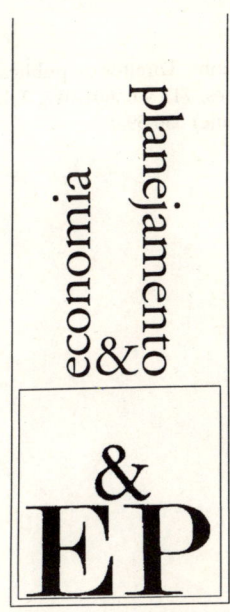

MAURICIO CHALFIN COUTINHO

Marx:
Notas sobre
a Teoria do Capital

EDITORA HUCITEC
São Paulo, 1997

© Direitos autorais, 1997, de Maurício Chalfin Coutinho. Direitos de publicação reservados pela Editora Hucitec Ltda., Rua Gil Eanes, 713 - 04601-042. Telefones: (011)240-9318, 543-0653, (vendas) 530-4532, (fac-símile) 530-5938.
E-mail: *hucitec@mandic.com.br.*

ISBN 85.271.0385-0 Hucitec
Foi feito o depósito legal.

Projeto gráfico e capa
Claus P. Bergner

Diagramação
Ourípedes Gallene

Sumário

Apresentação   9
Nota bibliográfica   14

Capítulo 1
MARX E A ECONOMIA POLÍTICA CLÁSSICA:
TRABALHO E PROPRIEDADE   15
1.1 Engels e a primeira crítica da economia política   18
1.2 Trabalho alienado e propriedade privada   24
1.3 Marx e a economia política: trabalho e propriedade   26
1.4 O estatuto da economia política   30
1.5 Dinheiro e poder   33
1.6 *Miséria da Filosofia:* um Marx ricardiano?   36
1.7 Valor e capital na *Miséria da Filosofia*   40

Capítulo 2
VALOR, MERCADORIA E CAPITAL   45
2.1 Uma teoria do capital   45
2.2 Mercadoria   54
2.3 Trabalho e valor   59
2.4 Troca e circulação   62
2.5 Valor de troca e dinheiro   66

Capítulo 3
VALOR, MAIS-VALIA E CAPITAL
3.1 Circulação, dinheiro e capital   73
3.2 As duas formas de circulação e a autonomia do valor   76

3.3 Circulação, troca de equivalentes, mais-valia — 80
3.4 Mais-valia e força de trabalho — 82
3.5 A identidade propriedade/trabalho — 84
3.6 Capital e trabalho — 86
3.7 Circulação de mercadorias e igualdade — 88

Capítulo 4
MAIS-VALIA ABSOLUTA E MAIS-VALIA RELATIVA — 91
4.1 Processo de trabalho e processo de valorização — 92
4.2 A taxa de mais-valia — 98
4.3 A extensão da jornada de trabalho
    e a mais-valia absoluta — 100
4.4 A mais-valia realtiva — 103
4.5 Subordinação formal e subordinação real — 105
4.6 Conclusões — 109

Capítulo 5
A REPRODUÇÃO DO CAPITAL — 113
5.1 Uma teoria da reprodução no âmbito
    do processo de produção do capital — 113
5.2 Produção e reprodução — 116
5.3 O processo de reprodução
    como reprodução das relações sociais — 120
5.4 Leis de equivalência e leis de apropriação — 122
5.5 A lei geral da acumulação capitalista — 128
5.7 A lei geral da acumulação capitalista:
    o exército industrial de reserva — 131
5.8 Acumulação, concentração, centralização,
    concorrência — 134

Capítulo 6
LUCRO E TAXA DE LUCRO MÉDIA:
OS PREÇOS DE PRODUÇÃO — 137
6.1 O lucro como forma mistificada
    de mais-valia; o preço de custo — 137
6.2 A taxa de lucro — 143
6.3 Concorrência e nivelação da taxa de lucro — 145

Apresentação

Marx — Notas Sobre a Teoria do Capital é um roteiro de estudos sobre a teoria do valor e do capital em Marx. O trabalho possui um formato bastante descritivo e pretende abranger a espinha dorsal do sistema marxiano de economia política. Assumo dois pressupostos na exposição. Em primeiro lugar, procuro privilegiar a dimensão de crítica da economia política, inerente ao sistema de Marx, o que subentende um leitor com conhecimento razoável da teoria econômica anterior. As obras de Ricardo, Smith, Turgot, Quesnay, Petty etc. são fontes obrigatórias de referência, porque foram as do próprio Marx[1].

Em segundo lugar, adoto o ponto de vista de que a herança hegeliana cumpre um papel decisivo na obra de Marx. Sem a pretensão de digressionar sobre os aspectos propriamente filosóficos da matéria, reconheço, ao menos, a necessidade de levar sua existência em consideração.

Apesar de muito apoiada na obra de Marx, a exposição é marcadamente interpretativa. O propósito de observar fidelidade às fontes em nenhum momento deve obscurecer os aspectos polêmicos desta, como de qualquer outra, interpretação.

A advertência é necessária em função das características literárias do texto. Há um uso e abuso de citações, mas essa forma de argumentação não autoriza a conclusão de que aqui se pre-

---

[1] Uma leitura conscienciosa de *A Riqueza das Nações* e dos *Princípios de Economia Política e Tributação* é uma exigência mínima para o estudo de Marx, e o presente trabalho a tem como pressuposto.

tende finalmente esclarecer "o que Marx verdadeiramente disse...". As referências não constituem em si um argumento de autoridade, embora possam facilitar o acesso ao raciocínio do Autor e complementar uma interpretação que é de minha exclusiva responsabilidade, ressalvadas as dívidas intelectuais para com diversos outros comentadores.

Não entrar em confronto aberto com interpretações distintas e recorrer a um número reduzido de menções a comentadores, outra característica deste trabalho, constitui um recurso expositivo deliberado. São tantos e tão variados os debates suscitados por *O Capital* que preferi evitar os riscos de penetrar em um labirinto de argumentos secundários (isto é, dos debatedores), em detrimento do confronto com os argumentos originais. A estratégia não é de ignorar ou menosprezar as variadas interpretações existentes, mas impedir a fragmentação de um texto cuja forma última é descritiva. De todo modo, leituras complementares e/ou divergentes, bem como indicações para estudo, são sugeridas em notas de rodapé.

A afirmação de que o texto procura abranger a espinha dorsal do sistema marxiano de economia política exige uma explicação suplementar. Os capítulos a seguir abordam: 1. a formação do pensamento econômico de Marx; 2. a versão de Marx para a teoria do valor-trabalho; 3. as noções de mais-valia e de capital; 4. a temática da subordinação do trabalho ao capital; 5. a noção de reprodução; 6. a relação entre valores e preços de produção; 7. o capital a juros. A pretensão de que essa temática abrangente (mas não exaustiva) descreva o núcleo do sistema de Marx funda-se no fato de ser ela suficiente e adequada à reconstituição do conceito de capital e, portanto, da relação fundamental da moderna sociedade econômica.

Na verdade, ao longo dos três volumes de *O Capital* a noção pluridimensional de capital é constantemente reiterada como o centro da crítica à economia política e à sociedade capitalista. O ponto de partida é a mercadoria e seu atributo social, o valor. O primeiro movimento é o de gênese do dinheiro, a partir da mercadoria. O segundo estabelece as relações entre o dinheiro e o capital, fundamentando o excedente em sua forma capitalista (a mais-valia) no trabalho não-pago. O terceiro discute o processo de produção no que ele tem de especificamente capitalista, através dos conceitos de mais-valia absoluta e relativa. Finalmente, a noção de reprodução configura o caráter processual da relação econômica fundamental, permitindo chegar-se à "lei geral de acumulação".

Essa trajetória, contemplada nos cinco primeiros capítulos, é suficiente para apresentar a noção de capital no que ela tem de mais genérico e abstrato. Ela de certo modo reproduz o ambiente teórico do primeiro volume de *O Capital*, situando-se ao nível do "capital em geral"[2].

Marx, como é sabido, pretendeu no terceiro volume aproximar-se "à superfície" e aos "diversos capitais", por meio de uma análise mais circunstanciada da concorrência. O caráter inconcluso, e às vezes bastante preliminar, dessa parte da sua obra dificulta tanto a exposição quanto o comentário textual dos temas nela contidos, e disso se ressentem o sexto e o sétimo capítulos, mais conjeturais e opinativos do que os anteriores.

A inclusão das controversas temáticas dos preços de produção e do capital a juros num texto cujo estrito propósito é o de ser reconstitutivo em relação à noção de capital deu-se por razões específicas. Acredito pessoalmente que a revisão das seções que abordam a formação da taxa de lucro média n'*O Capital* (e das passagens correlatas das *Teorias Sobre a Mais-Valia*) oferece um plano privilegiado para o retorno abrangente às concepções clássicas e marxiana de valor e preços, para o detalhamento das relações entre Marx e Ricardo, e para uma ilustração dos dilemas inerentes à passagem do "capital em geral" aos "diversos capitais".

Já a seção sobre o capital a juros me parece absolutamente necessária à complementação das noções de valor, dinheiro e capital. Nela, mais do que em qualquer outro momento, o valor se revela como relação geral do sistema capitalista, e o capital transparece como uma universalidade, consagrando a dominação do valor sobre a vida social moderna. Enfim, a seção sobre o capital

---

[2] Veja-se a esse respeito Rosdolsky, R. *Génesis y estructura de El Capital de Marx*, México, Sigloveintiuno, 1978.

a juros propicia um complemento indispensável à concepção de capital que preside o conjunto da exposição de Marx.

Cabe mencionar, por outro lado, as lacunas mais notáveis deste trabalho; a saber: a acumulação primitiva; as crises (inclusive lei de tendência declinante da taxa de lucro); discussões mais específicas sobre dinheiro; a circulação (todo o conteúdo do segundo volume de *O Capital*); o capital comercial; a renda da terra; e a fórmula trinitária. Essas lacunas se devem a duas razões, uma das quais é de caráter menos substancial e estritamente pragmático: o texto se propõe a abranger o programa mínimo de cursos de um período letivo convencional (sessenta horas-aula), e a experiência indica que, nessas condições, o material aqui incluído já é suficientemente amplo.

A segunda, e mais importante, razão é a de que o conteúdo dos sete capítulos pode ser considerado suficiente para a descrição dos principais aspectos da noção de capital em Marx. Apesar da importância dos temas desconsiderados, o texto reconstitui a espinha dorsal do sistema marxiano. As omissões não me pareceram vitais à *rationale* do trabalho.

É claro que essa pressuposição é polêmica, tanto mais porque a teoria das crises, considerada pelo próprio Marx como parte integrante da noção processual de capital, não chega a receber aqui um tratamento destacado[3]. Se não bastarem as advertências já feitas, as opções e omissões temáticas ao menos ilustram, uma vez mais, a impossibilidade de se pretender uma descrição não determinada pelo intuito interpretativo...

Qual é, afinal, a relevância do sistema marxiano de economia política? A pergunta talvez fosse supérflua se estivéssemos abordando o pensamento de autores menos controversos ou menos cruciais para a ideologia contemporânea, mas nunca deixa de vir à tona quando o alvo é Marx. Uma história do pen-

---

[3] Em reforço ao argumento de que há integração entre os conceitos de capital e de crise em Marx, veja-se Grespan, J. L. S. *A dinâmica da crise — um estudo sobre o conceito de crise na crítica da economia política de Marx*, mimeo, IFCH/Unicamp, 1994.

samento econômico a ele referida é mais tensa do que qualquer outra, porque dela se costuma exigir um posicionamento sem ambigüidades: contra ou a favor, apontando erros e acertos, realçando a validade ou extemporaneidade das mais diversas proposições.

No presente caso a cobrança pode tornar-se ainda mais forte. O leitor sempre deseja saber se *O Capital* resiste aos fatos e às teorias atuais, e os sete capítulos deste livro são omissos ou insuficientes no confronto com o pensamento econômico moderno.

Sem pretender sanar com uma simples nota introdutória mais uma omissão, advirto que também ela é deliberada. Considero que a relevância das idéias de Marx radica menos na possibilidade de se aplicarem imediata e diretamente as categorias da crítica da economia política e suas leis aos fatos econômicos (os atuais em particular), do que na visão do capitalismo como um sistema disruptivo e não coordenado, presidido por uma abstração ubíqua e universal: o capital. O capital e a mercadoria — os temas de Marx, nos termos de Marx — são as categorias centrais da sociabilidade capitalista.

Em resumo, é a noção de capital de Marx que me interessa. Penso que ela é relevante para a economia política atual e, inclusive, não irredutível a algumas das argumentações teóricas deste século, mantendo-se as diversas perspectivas metodológicas e as mediações necessárias.

Entretanto, esse ponto de vista permanece aqui apenas como petição de princípios, já que um confronto mais específico entre as idéias de Marx e as atuais fica reservado para outros trabalhos, que desde já me comprometo a realizar. Ao mesmo tempo, quero advertir que a aparência de certo modo fundamentalista do texto não se deve a nenhuma aversão à teoria econômica do século XX. Pelo contrário, ela se justifica sobretudo pelo fato de eu acreditar residirem na raiz, ou no núcleo da concepção marxiana de capital, as possibilidades mais frutíferas de confronto do seu pensamento com as idéias contemporâneas e os fatos econômicos de nosso tempo. Além disso, o propósito reconstitutivo recomenda uma atenção especial à concepção expositiva que rege *O Capital*.

Por todas essas razões, o presente trabalho deve ser considerado uma simples nota introdutória e propedêutica aos estudos marxianos. Seu objetivo é o de estimular a leitura e a compreensão específicas do autor em seu contexto, o que é apenas um primeiro passo para um retorno crítico e abrangente à economia política de Marx.

Nota bibliográfica

As transcrições de textos de Marx e Engels estão acompanhadas por indicação da fonte, contendo sigla de identificação e página, conforme as seguintes edições:

Engels, F. *Esbozo de una crítica de la economía política*. In: Engels, F. *Escritos*. Ediciones Península, 1967 (ECEP).
Marx, K. *Manuscritos económico-filosóficos*. In: Marx, K. *Escritos de juventud*. México: Fondo de Cultura Económica, 1982 (MEF).
——— *Extractos del libro de James Mill 'Éléments d'économie politique'*. In: Marx, K. *Escritos de juventud*. México: Fondo de Cultura Económica, 1982 (EEEP).
——— *Miseria de la filosofía*. Buenos Aires: Siglo Veintiuno, 1974 (MF).
——— *Trabalho assalariado e capital*. São Paulo: Global Editora, 1980 (TAC).
——— *Para a crítica da economia política*. São Paulo: Abril Cultural, 1974 (PCEP).
——— *Elementos fundamentales para la crítica de la economía política (Grundrisse)*. México: Siglo Veintiuno, 1971 (G).
——— *Teorías sobre la plusvalía*. México: Fondo de Cultura Económica, 1980 (TMV).
——— *O Capital — crítica da economia política*. São Paulo: Abril Cultural, 1983 (Livro I); São Paulo: Nova Cultural, 1986 (Livro III) (K).
——— *Glosas marginales al 'Tratado de Economía Política' de Adolfo Wagner*. In: Marx, K. *El Capital*. México: Fondo de Cultura Económica, 1973 (GW).

1
Marx e a economia Política clássica: trabalho e propriedade

Num conciso esboço autobiográfico, constante do Prefácio de *Para a Crítica da Economia Política*, Marx relata que seu interesse pelos estudos econômicos foi despertado pela necessidade de fundamentar os debates sobre "os chamados interesses materiais", bem como de emitir opiniões a respeito do então emergente movimento comunista francês:

> "Nos anos de 1842/43, como redator da *Gazeta Renana*, vi-me pela primeira vez em apuros por ter de tomar parte na discussão sobre os chamados interesses materiais. As deliberações do Parlamento renano sobre o roubo de madeira e parcelamento da propriedade fundiária, a polêmica oficial que o Sr. Von Schaper, então governador da província renana, abriu com a *Gazeta Renana* sobre a situação dos camponeses no vale do Mosela, e finalmente o debate sobre o livre-comércio e proteção aduaneira, deram-me os primeiros motivos para ocupar-me de questões econômicas. Além do mais, naquele tempo em que a boa vontade de 'ir à frente' ocupava muitas vezes o lugar do conhecimento do assunto, fez-se ouvir na *Ga-*

zeta *Renana* um eco de fraco matriz filosófico do socialismo e comunismo francês" (PCEP, 134).

A necessidade de fundar as relações jurídicas nas "relações materiais de vida" teria condicionado sua aproximação aos textos econômicos, já que "(...) a anatomia da sociedade burguesa deve ser procurada na Economia Política" (PCEP, 135). Por essa razão, e bem antes de se ver inteiramente absorvido pela temática econômica, em Londres na década de 1850, Marx — então um filósofo radical crescentemente atento à crítica social — despontava como leitor sistemático de textos de economia política. Os cadernos de apontamentos de leitura correspondentes ao período de sua primeira estada em Paris (de 1844 ao início de 1845) já denotam um conhecimento bastante variado dos escritos de autores econômicos como Boisguillebert, Destutt de Tracy, Lauderdale, List, Mac Culloch, James Mill, Say, Smith e Ricardo. Os trabalhos dessa época que chegaram até nós — *Extratos do Livro de James Mill Elementos de Economia Política* e *Manuscritos Econômico-Filosóficos* — revelam boa familiaridade com a literatura e a temática econômicas. O mesmo pode ser dito de Engels, cujo *Esboço de Uma Crítica da Economia Política* (1843) indicava já uma apreciável ambientação na economia política inglesa.

Os especialistas costumam referir-se a essa aproximação à economia política como uma trajetória que vai da rejeição à aceitação[1]. Nos *Manuscritos Econômico-Filosóficos* e no *Esboço* haveria uma hostilidade aberta, ao passo que n'*A Miséria da Filosofia*, de 1847, teríamos uma adesão plena à economia política. A rejeição e a adesão, no caso, são habitualmente referidas à teoria do valor: os primeiros textos recusaram a teoria do valor-trabalho, en-

---

[1] Com certas nuanças, essa opinião essá presente em Mandel, E. *A formação do pensamento econômico de Karl Marx*. Rio de Janeiro: Zahar, 1968; Morishima, M. & Catephores, G. *Valor, exploração e crescimento*. Rio de Janeiro: Zahar, 1980; Evans, E. "Karl Marx's First Confrontation with Political Economy: the 1844 Manuscripts". *Economy and Society*, 13(2), 1984. Para uma boa compreensão do ambiente intelectual que influenciou os textos de juventude (e também os de maturidade) de Marx, é recomendável a leitura de uma biografia intelectual, como a de McLellan, D. *Karl Marx — vida e pensamento*. Petrópolis: Vozes, 1990 ou Rubel, M. *Karl Marx — ensayo de biografía intelectual*. Buenos Aires: Paidós, 1970.

quanto que o Marx de 1847 já estaria, sob esse prisma, plenamente identificado com Ricardo.

A opinião de que, num curto lapso de três anos, Marx e Engels passaram da rejeição à aceitação seria autorizada pelo espírito e estilo dos textos, que abundam em frases transpirando hostilidade veemente ou adesão incontida. O primeiro trabalho econômico de Engels contém opiniões como: "A economia política — a ciência de como fazer dinheiro — nasceu da inveja mútua e da avareza dos mercadores. Leva a marca do mais repugnante egoísmo" (ECEP, 150). Marx não ficaria atrás, e nos *Manuscritos Econômico-Filosóficos* afirmava que "A economia política, esta ciência da riqueza, é assim também ao mesmo tempo a ciência da renúncia, da privação, da poupança e chega realmente a poupar ao homem a necessidade de ar puro e movimento físico" (MEF, 628). Na *Miséria da Filosofia*, pelo contrário, podemos ver um Marx entusiasmado com a versão ricardiana do valor-trabalho comentar que "A teoria do valor de Ricardo é a interpretação científica da vida econômica atual (...)" (MF, 60).

Mais adiante examinaremos com maior detalhe o propalado trânsito da rejeição à aceitação, procurando qualificá-lo. De imediato, o fundamental é ressaltar que Marx se havia aproximado, ainda na década de 1840 e de modo definitivo — vale dizer, bem no início de sua trajetória política e intelectual — da temática econômica e da ciência da economia política. A "ciência da riqueza privada" passou assim a colocar-se de modo destacado no horizonte de um pensador cujo ponto de partida fora desde cedo a rejeição radical do regime de propriedade privada e a objeção a formas de sociabilidade a tal ponto subjacentes aos textos dos economistas que se tornaria inócuo pretender separar a nova ciência da defesa da ordem social. Se, como ele afirmava no Prefácio de *Para a Crítica da Economia Política*, seu intuito era o de estudar a "anatomia da sociedade burguesa", essa aproximação à ciência que a expressava necessariamente nos coloca a tarefa de esclarecer em que termos se deu a absorção da economia política pelos dois críticos de primeira hora da sociedade burguesa que foram Marx e Engels.

O estudo das primeiras reflexões marxianas sobre os economistas pode contribuir para a compreensão das relações subseqüentes entre a economia política e a crítica da economia política. Mais do que efetuar um exercício arqueológico, o objetivo deste capítulo é o de mostrar as razões pelas quais Marx acabou adotando a economia política como campo de referência necessário para a crítica social. Por outro lado, a obra de Marx contém um permanente confronto entre a "ciência da riqueza privada" e a crítica à riqueza privada, e sua apresentação nos quadros de uma crítica da economia política ainda não madura pode contribuir para o esclarecimento do contorno geral, dos propósitos e do ambiente intelectual de seu sistema.

1.1 Engels e a primeira crítica da economia política

Foi Engels quem inaugurou a crítica aos economistas, com seu *Esboço de uma Crítica da Economia Política* (redigido em 1843 e publicado nos *Anais Franco-Alemães* em 1844). Marx sempre teve grande consideração por este trabalho pioneiro, mas a sua opinião não impediu que muitos comentadores viessem a considerá-lo um texto primitivo, ou ao menos paradoxal, por externar simpatias em relação ao critério da utilidade na determinação do valor das mercadorias. Essa animosidade tem impedido que se dê a devida atenção a um trabalho não somente original, como portador de muitas chaves para o entendimento da aproximação de Marx e Engels à economia política, bem como de diversas idéias ainda presentes nas obras de maturidade.

O ponto de referência de Engels, como o de Marx nos *Manuscritos Econômico-Filosóficos*, é a crítica ao regime de propriedade privada. Uma declarada simpatia pelas idéias socialistas (em especial pelo socialismo inglês) inspira o artigo que, quando menos por essa trivial razão ideológica, já é manifestamente antagônico ao pensamento dos economistas. O fundamental, porém, é que essa animosidade em momento algum impediu o entendimento preciso do significado histórico e ideológico da economia política. Engels tomou como ponto de referência a contraposição entre o liberalismo e o mercantilismo, enfatizando um sistema de antinomias — monopólio x concorrência; riqueza em tesouro *x* riqueza em mercadorias — que descreve o *ethos* da economia política clássica e identifica sua natureza.

A ciência da riqueza privada nascera de fato como uma defesa da concorrência e do papel dos ajustamentos "naturais" (nos mercados) na determinação de um máximo de bem-estar. Seus principais formuladores — Cantillon, Quesnay, Hume, Smith — e mais particularmente os economistas ingleses que os sucederam, desenvolveram a economia política como uma rede de argumentos contrários ao mercantilismo, também e principalmente no que se refere à doutrina do superávit no comércio exterior e seus desdobramentos protecionistas.

A temática utilitarista do interesse e o corolário dos benefícios materiais coletivos advindos da busca de ganhos privados, a seguir destacada por Engels, também definia o esqueleto da ciência econômica liberal. A economia política teria sido, conforme o *Esboço*, uma antítese da pregação mercantilista a favor de políticas particularistas, em um movimento de negação de privilégios que, embora retumbante, foi apenas parcial, por haver-se detido nesse ponto, em vez de realizar a crítica completa ao "único grande monopólio básico" (ECEP, 156) — o da propriedade privada[2]. Em conseqüência, "(...) a nova economia só representou um leve e parcial passo adiante" (ECEP, 152).

Esse "leve e parcial passo adiante" apontava tanto para os deméritos como para as virtudes do pensamento liberal. De acordo com Engels, o "sistema de Adam Smith" foi necessário para "pôr a nu as verdadeiras conseqüências da propriedade privada" (ECEP, 152)[3]. É de se destacar que a propriedade privada e seu movimento são os demiurgos da exposição e o foco especial do interesse para um autor que se colocava na perspectiva de rejeitá-la.

A contribuição dos economistas no desvendamento das leis de propriedade é um ponto não totalmente esclarecido pelo *Esboço*. Os economistas teriam superado a ingênua defesa dos pri-

---

[2] "Os economistas não pensaram nem por um instante em pôr em dúvida a validade da propriedade privada" (ECEP, 152).

[3] "O único avanço positivo feito pela economia liberal foi a revelação das leis da propriedade privada" (ECEP, 152).

vilégios, feita pelos mercantilistas, enaltecendo e exacerbando o papel da concorrência. Transformaram o egoísmo em um fator benévolo de sociabilidade, mas, simultaneamente, criaram as bases para um novo humanismo (também parcial, como veremos), ao derivarem o valor do trabalho humano. Essa derivação, conforme Marx viria a esclarecer nos *Manuscritos*, representava uma introjeção da propriedade no trabalho (o trabalho como "essência subjetiva da propriedade"), sendo de certo modo um elogio ao trabalho e a seus poderes criativos.

Enfim, ao tratarem do trabalho, os economistas de fato penetraram na temática da propriedade e da riqueza. A teoria liberal da riqueza é uma teoria da riqueza em geral e em abstrato, e não da riqueza agrária, ou argentária. É uma teoria na qual a propriedade se separa de suas formas particulares, apresentando-se, por inteiro, tal como existe na sociedade burguesa. Trata-se de uma dessacralização, com a contrapartida de também fornecer argumentos econômicos para a legitimação social da propriedade. Através da doutrina do interesse, os economistas fizeram com que "(...) a hipocrisia protestante substituísse a ingenuidade católica" (ECEP, 155). O que antes era uma exclusão (monopólios, privilégios, proteção), tornou-se um benefício. A concorrência, que subentende a propriedade privada, passou a ser vista como causa de bem-estar. Em uma analogia com a religião, Smith é denominado no *Esboço* "o Lutero econômico". Esse paralelo entre o protestantismo e a economia política continuaria a estar presente em toda a futura obra de Marx.

O propósito de Engels era o de se contrapor com veemência ao que considerava o falso humanismo da doutrina do interesse. Seu ponto de referência era a contestação à idéia de que o egoísmo é compatível com a harmonia. A concorrência e o comércio — manifestações do egoísmo econômico — só poderiam gerar rupturas, ao expressarem conflitos e situações em que prevalece a lei do mais forte. O comércio, decorrência imediata do regime de propriedade privada, revelaria as conseqüências nefastas deste. Engels atinha-se aqui à divisão do trabalho inevitavelmente imposta pelo regime de propriedade privada, bem como à ruptura da sociabilidade humana natural, advinda do afastamento entre o homem e o produto de seu trabalho. A satisfação das necessidades passa a ser mediada pela troca, mas a moderna troca — o comércio — representa apenas uma fonte direta de lucro para o comerciante. Na compra e venda confrontam-se "homens com interesses diametralmente opostos (...). Há (...) [uma] desconfiança mútua. É a aplicação de meios imorais para alcançar um fim imoral" (ECEP, 155). "Dito de outra maneira: o comércio é a fraude legalizada" (ECEP, 155).

Se o comércio é fraude, uma "categoria por ele estabelecida" (ECEP, 157), o valor, não poderia fundar-se em bases científicas. Engels, nessa questão, contrastava as duas escolas que se digladiavam na temática do valor, a inglesa (custos de produção) e a francesa (utilidade), concluindo que nenhuma delas poderia resolver satisfatoriamente a questão do intercâmbio.

Os economistas ingleses, por estarem enredados na contraposição entre valor real ("abstrato") e valor de mercado ("comercial"). Se há um valor abstrato, qual é o papel da concorrência (do comércio)? E, se há um valor de mercado, qual é o papel da abstração?

Os economistas franceses, por sua vez (principalmente Say), por se basearem na utilidade, uma apreciação subjetiva inteiramente distorcida pelo regime de propriedade. "Enquanto existir a propriedade privada só se pode chegar a uma decisão mais ou menos objetiva (e aparentemente geral) sobre a utilidade de uma mercadoria tendo em conta a concorrência... Se se aceita a existência da concorrência deve-se ter em conta, também, os custos de produção, porque ninguém venderá um artigo por menos do que lhe custou produzi-lo" (ECEP, 159). A conclusão de Engels era a de que a escola francesa pensou, com a utilidade, ter-se descartado dos custos de produção, mas não conseguiu sem eles fundar uma teoria geral da troca.

Na opinião de Engels, a utilidade, "única base justa de intercâmbio" (ECEP, 159) só poderia expressar-se objetivamente mediante a eliminação da propriedade privada. Apenas nessa situação "poderemos suprimir a oposição entre a utilidade real e inerente de um artigo e a determinação desta utilidade. Só desta maneira poderemos superar a oposição entre a determinação da utilidade e a liberdade do comprador e do vendedor" (ECEP, 159-60). Mas, nesse momento, "(...) deixarão de existir a compra e a venda em sua forma atual" (ECEP, 160).

Em suma, o preço deve levar em conta os custos de produção e a concorrência, mas esta última é uma expressão da fraude. O "valor real" é um artifício para esconder-se a imoralidade do comércio. A possibilidade de se reconciliarem o valor, o trabalho, a utilidade e a justiça na troca passa pela supressão do regime de propriedade privada.

Os comentários de Engels, como é fácil perceber (e deixando-se de lado por enquanto sua incompreensão da teoria do valor-trabalho) eram elucidativos na demonstração de que a totalidade de sua crítica à economia política passava por uma concepção de natureza humana colidente com a propriedade privada, entendida como um fator de ruptura dos nexos naturais entre os homens. Essa ruptura da comunidade natural exacerbaria as assimetrias nas relações humanas, fazendo com que na sociedade moderna prevalecesse o poder dos proprietários, contrário por definição a qualquer harmonia. Caberia ao homem a tarefa de recompor a sociabilidade natural, extinguindo a propriedade privada.

Por outro lado, a propriedade privada — e a concorrência — também impediriam uma determinação objetiva do valor e da distribuição. Os três fatores da produção, uma vez separados pelo advento da propriedade privada, não possuiriam denominador comum, o que impediria uma fixação justa das parcelas distributivas[4].

Uma das características marcantes do texto de Engels consistia na tentativa de fundar suas proposições na realidade social imediata. Esse aspecto é um tanto curioso, porque, como foi visto, o ponto de partida e os objetivos finais eram "filosóficos": a rejeição ao regime de propriedade privada era para ele uma preliminar baseada na própria caracterização da natureza humana, e o comunismo que propunha era conceitual, um estado de reconciliação entre o fazer humano e a natureza humana. Apesar disso, o "movimento da propriedade privada" revelaria

---

[4] "(...) nas atuais condições, não há uma medida comum que nos permita atribuir à terra, ao capital e ao trabalho, suas respectivas parcelas. Na realidade, a decisão sobre isto cabe à concorrência, vale dizer, a uma medida totalmente alheia e fortuita" (ECEP, 165).

leis, e essas nada mais representariam do que alguns dos resultados palpáveis da industrialização.

Dois dos resultados nos interesam aqui particularmente. Um diz respeito à população trabalhadora: o que se vê na Inglaterra — afirmava Engels — é a criação de uma classe trabalhadora que se eterniza na miséria. Núcleos familiares dissolvidos, mulheres e menores no trabalho e fome são as conseqüências da industrialização. A miséria, em meio à riqueza, falava por si. Era impossível conciliar tal quadro com qualquer tipo de harmonia. Além disso, e em meio a uma crítica vigorosa à lei malthusiana da população, Engels afirmava que a pobreza é uma realidade produzida, e não natural.

O outro resultado do regime de propriedade privada estava na ocorrência de crises cíclicas. A lei da concorrência impediria o equilíbrio entre a oferta e a procura, processo que "(...) dá lugar a uma situação permanentemente insana" (PCEP, 167) no entanto considerada pelos economistas um perfeito mecanismo de ajustamentos:

> "Os economistas agitam esta maravilhosa lei de oferta e demanda e demonstram que 'nunca se pode produzir em excesso'. A prática retruca com as crises comerciais, de aparição tão regular como a dos cometas. Agora temos uma crise a cada cinco ou sete anos. Nos últimos oito anos estas crises foram tão regulares como as grandes pragas do passado, e causaram mais miséria e imoralidade que elas" (ECEP, 168).

Engels não conseguia conformar-se com uma lei "(...) que só pode se afirmar por hecatombes periódicas" (ECEP, 168). Propunha uma nova forma de organização da sociedade e da produção, na qual pudesse prevalecer a "verdadeira concorrência", ou a "relação entre poder de consumo e poder de produção" (ECEP, 169).

Assim, os dois resultados mais palpáveis do movimento da propriedade privada, pobreza e instabilidade econômica, apontavam para o caráter antinômico e autodesagregador do regime social.

Engels já tinha em mente uma dialética do conflito inteiramente referida às condições sociais e às conseqüências econômicas da industrialização. Se no futuro seu ponto de vista em relação ao pensamento econômico iria mudar, nem por isso a crítica da economia política deixaria de ter como horizonte o conflito e como ponto de referência os resultados concretos da industrialização.

1.2 Trabalho alienado e propriedade privada

A exemplo de Engels, Marx acreditava que a economia política revelou as leis da propriedade privada, sem questionar ou ao menos explicar sua natureza e, em conseqüência, sem compreender suas leis[5]. Uma das notas distintivas dos *Manuscritos Econômico-Filosóficos* estava justamente na tentativa de aprofundar a investigação sobre a natureza da propriedade privada, como meio para efetuar a crítica à economia política. Foi nessa trajetória que Marx desenvolveu as suas conhecidas digressões sobre o trabalho alienado já que, segundo ele, "A propriedade privada decorre (...) da análise do conceito de trabalho alienado, quer dizer, do homem alienado, do trabalho alienado, da vida alienada, do homem alienado" (MEF, 603).

Marx discordava dos economistas, que viam a propriedade privada como um estado, como um dado institucional. Ele a considerava o resultado do movimento do trabalho alienado — este sim, o verdadeiro princípio integrador da exposição e o pólo de referência na crítica à sociabilidade burguesa, cujo caráter diminutivo resultava do fato de levar o trabalho a seu grau máximo de alienação.

O conceito de trabalho alienado contrasta com o de comunidade humana natural. A naturalidade diz respeito à relação entre homem e objeto, à exteriorização do ser humano, que, para Marx, constituía uma generalização. O gênero — o ser humano — era logrado pela exteriorização, e o trabalho vinha a ser, sob esse pris-

---

[5] O economista "Capta o processo material da propriedade privada, que esta toma na realidade, em formas gerais e abstratas, que logo regem para ele como leis. Mas não compreende estas leis, ou seja, não demonstra como brotam da essência da propriedade privada" (MEF, 595).

ma, o vínculo da individualidade à generalidade, ao universal. Nada se interpunha entre o indivíduo e o gênero, e o sistema de carecimentos mútuos de que se compõe a sociedade humana equacionava-se através do intercâmbio natural (ou humano): aquele em que as necessidades comandam a apropriação[6].

A propriedade privada rompe a comunidade natural, pois nela o trabalho se torna progressivamente aquisitivo. As necessidades são satisfeitas mediante o intercâmbio monetário e o trabalho passa a representar, para o ser humano, apenas uma forma de acesso ao valor abstrato, com vistas à obtenção do produto do trabalho alheio. O trabalho aquisitivo seria imediatamente alienado porque envolvia, segundo Marx (e na sua enumeração das características do trabalho alienado): 1. "a alienação e o caráter fortuito do trabalho em relação ao sujeito trabalhador"; 2. "a alienação e o caráter fortuito do trabalho em relação ao objeto dele"; 3. a determinação absoluta do trabalhador pelas necessidades, já que o trabalho "(...) não tem para ele outro significado que ser uma fonte de satisfação de suas necessidades, enquanto ele só existe para elas como escravo de suas necessidades"; 4. resumir o trabalhador à luta pela subsistência, fazendo com que ele (o trabalhador) "(...) destine sua vida a adquirir meios de vida" (EEEP, 530).

Para Marx, o trabalho alienado — cujas características foram acima apontadas — não descrevia somente uma visão filosófica do homem e do trabalho humano em sociedades não-comunitárias. Ele constituía um fenômeno moderno e vivido, típico das sociedades industriais. Manifestava-se nas conseqüências mais contundentes da vida fabril, e simultaneamente as explicava. Basta partirmos "(...) de um fato econômico atual" (MEF, 596) para concluirmos que "O trabalhador mais empobrece, quanto mais riqueza produz... O trabalhador converte-se em mercadoria tanto mais barata quanto mais mercadorias cria..." (MEF, 596). O trabalho alienado era a chave da sociabilidade fabril.

---

[6] Uma apresentação detalhada da natureza da concepção de trabalho alienado em Marx pode ser encontrada em Giannotti, J. A. *As origens da dialética do trabalho*. São Paulo: Difusão Européia do Livro, 1966.

A economia política fala a linguagem do trabalho alienado porque fala a linguagem de um mundo dominado pela produção de mercadorias. Sob esse ângulo, a sociedade industrial é a sociedade por excelência da alienação; e o trabalho alienado um conceito que nos leva de uma descrição ontológica do trabalho aos píncaros da crítica social moderna.

Em decorrência disso, a alienação não significaria somente exclusão, ou rompimento do vínculo entre trabalho e produto do trabalho (entre o indivíduo e a generalidade), ou falta de realização do trabalhador no trabalho. Significava dominação e hostilidade, já que "(...) a vida infundida por ele (trabalhador) ao objeto se lhe enfrenta agora como algo alheio e hostil" (MEF, 596-7). Significava um rompimento entre homem e a essência humana (atividade vital), um rompimento entre o homem e seu ser genérico, acabando por cindir o homem do próprio homem, separando trabalhador de capitalista. Enfim, o trabalho alienado produzia a propriedade privada:

> "A relação entre o trabalhador e o trabalho engendra a relação entre este trabalho e o capitalista ou como quer que se chame ao patrão, ao dono do trabalho. Portanto, o produto, o resultado, a conseqüência necessária do trabalho alienado, da atitude exterior do trabalhador ante a natureza e ante si mesmo, é a propriedade privada" (MEF, 603).

1.3 Marx e a economia política: trabalho e propriedade

Ainda que não tenha compreendido inteiramente as leis da propriedade privada, a economia política "capta o processo material da propriedade privada". Os juízos de Marx e Engels a respeito da economia política não eram em absoluto desmerecedores de suas contribuições à compreensão do funcionamento e estrutura da sociedade burguesa. Consideravam, no entanto, que os economistas eram parciais e que viam como trabalho o que na verdade era trabalho alienado, entendendo o conflito como harmonia, não dando a devida atenção ao caráter disruptivo do movimento da propriedade privada (do trabalho alienado); enfim, não levando às últimas conseqüências as leis por eles mesmos descobertas, por desconhecerem sua origem.

Examinaremos mais adiante a contraposição entre Marx e os economistas. No momento, limitar-nos-emos a retomar um ponto anterior — os avanços contidos no sistema dos economistas — que nos possibilita o entendimento das razões e das características da aproximação de Marx e Engels à ciência da riqueza privada. O que aproximou os dois críticos sociais da economia política liberal foi justamente a íntima conexão entre trabalho e propriedade privada, por ela estabelecida através da teoria do valor-trabalho. Não é difícil perceber-se que os ecos da doutrina lockiana do direito à propriedade pelo trabalho, que ressoam na *Riqueza das Nações*, pareceram a Marx uma retomada da temática do trabalho capaz de permitir finalmente, por meio da dessacralização da noção de riqueza, uma verdadeira crítica ao regime de propriedade privada, tendo como ponto de referência o homem. A alienação estaria colocada nela não mais como um estado especial; por exemplo, como alienação do trabalhador rural em face da propriedade fundiária e do produto da terra. Tratava-se de um estatuto da existência humana, dada a definitiva separação entre o homem e o que é exterior a ele.

A questão aparece de forma aberta em uma passagem dos *Manuscritos Econômico-Filosóficos* que retoma a analogia entre economia política e protestantismo. A importância do tema e a clareza da exposição nos autorizam a fazer uma citação mais longa:

> "A essência subjetiva da propriedade privada, a propriedade privada como atividade que é para si, como sujeito, como pessoa, é o trabalho. Compreende-se, pois, que só a economia política que reconheceria como seu princípio o trabalho — Adam Smith — e que portanto já não via na propriedade privada somente um estado de coisas exterior ao homem; que só esta economia política, digo, tivesse que se considerar como um produto da energia e do movimento reais da propriedade privada (...), como um produto da indústria mo-

derna e que, por outra parte, tenha vindo a acelerar e a exaltar a energia e o desenvolvimento desta indústria, ao convertê-la em um poder de consciência. Os partidários do sistema monetário e mercantil, que vêem na propriedade privada simplesmente uma essência objetiva para o homem têm, pois, que parecer adoradores de fetiches, católicos, a esta economia política ilustrada que abrigou — dentro da propriedade privada — a essência subjetiva da riqueza. Por isto Engels tem razão ao chamar Adam Smith o Lutero da economia política. Assim como Lutero reconheceu a religião, a fé, como a essência do mundo exterior, confrontando-se deste modo com o paganismo católico, assim como superou a religiosidade exterior, fazendo da religiosidade a essência interior do homem, e como negou o cura existente fora do leigo, ao pôr o cura no coração do leigo, assim também se supera a riqueza que está fora e é independente do homem — que, portanto, só pode manter-se e afirmar-se de um modo externo — quer dizer, é superada esta objetividade sua externa e carente de pensamento, ao incorporar a propriedade privada ao próprio homem e reconhecer a este como sua essência, mas com isto colocando ao próprio homem no conceito de propriedade privada, como Lutero o põe no conceito de religião" (MEF, 612).

É importante assinalar que a doutrina do valor-trabalho, que introjeta no homem a propriedade privada como "essência subjetiva" é, preliminarmente, uma contraposição às doutrinas fetichistas da riqueza, como o mercantilismo. A crítica ao mercantilismo é uma reabilitação do trabalho humano mas, conforme Marx, uma reabilitação parcial, pois "sob a aparência de reconhecimento do homem" (MEF, 612) interioriza a alienação do homem.

Temos, assim, dois movimentos: o primeiro, efetuado pelos economistas, dissolvendo o fetiche da riqueza exterior ao homem, dessacralizando a riqueza, mediante o trabalho; o segundo, efetuado por Marx, criticava a concepção mercantil e aquisitiva de trabalho subjacente à economia política, pois ela sacralizaria a propriedade privada genérica como valor universal, a pretexto de reabilitar o homem.

Ao superar as modalidades naturais do movimento do trabalho, ao dissolver a naturalidade do trabalho, ao converter o trabalho humano em geral em princípio, a economia política reconheceria apenas o trabalho alienado e — mais ainda — a forma burguesa de trabalho alienado, ou trabalho industrial. Marx nesse ponto transita do trabalho alienado para o trabalho industrial, da riqueza genérica para a riqueza especificamente burguesa (ou industrial), mostrando como sua crítica à propriedade é, na verdade, uma crítica à moderna sociedade industrial:

> "Toda riqueza se converte em riqueza industrial, em riqueza do trabalho, e a indústria é o trabalho acabado, do mesmo modo que o regime fabril é a essência desenvolvida da indústria, vale dizer, do trabalho, e o capital industrial a forma objetiva acabada da propriedade industrial.
> "E assim vemos como agora, pela primeira vez, pode a propriedade privada levar a termo sua dominação sobre o homem, converter-se, sob a mais geral das formas, em uma potência histórica universal" (MEF, 615).

Essa constatação iria ser de grande importância para a caracterização do comunismo como projeto de ressocialização natural do homem, pertinente à sociedade industrial e ao trabalho especificamente proletário, e também para a definição da crítica à economia política como uma crítica à alienação e dominação humanas, desde sempre referidas ao moderno mundo fabril e a suas conseqüências.

Deixaremos de lado o primeiro tema (comunismo), mas não o segundo, que evidencia a precoce preocupação de Marx e Engels com a sociabilidade especificamente burguesa. Ambos transpõem-se do trabalho alienado para o trabalho fabril, tido como a forma acabada de trabalho alienado. Ambos se reportam ao "fato econômico atual", o qual, no entanto, nas obras de juventude estará referido ao "movimento da propriedade privada" (do trabalho alienado), e não ao movimento do capital.

1.4 O estatuto da economia política

Ao analisar a doutrina do salário de subsistência, Marx proferiu os comentários mais ácidos à economia política. Por meio dessa doutrina, "o economista converte o trabalhador em um ser carente de sentido e de necessidades..." (MEF, 628), a ponto de considerar-se luxo tudo o que ultrapasse as necessidades mais elementares. A ciência da riqueza passa a ser também a ciência da avareza, vindo a moral do ascetismo a ser transposta não só para o empreendedor, como para o trabalhador. O verdadeiro ideal dessa ciência do ascetismo, conclui Marx, "(...) é o avaro ascético, entregue à usura, e o escravo asceta, mas que produz" (MEF, 628).

Na teoria da população, o princípio de identidade entre necessidades e subsistência mínima atingiria sua expressão mais cruel. Nela, segundo Marx, a produção de vidas humanas é considerada um mal público. A venalidade, afinal, romperia definitivamente os vínculos entre a moral e a ciência. Num mundo em que a mercantilidade é uma contingência e também um ideal, não se pode mais falar em moralidade econômica[7].

Já que "A moral da economia política é o lucro, o trabalho e a poupança, a sobriedade..." (MEF, 630), a economia política é verdadeiramente estranha à moralidade humana. Esse não seria, entretanto, um defeito da ciência. Ao defender Ricardo contra um crítico que o acusava de fazer caso omisso da moral, Marx responde: "(...) o que Ricardo faz é deixar que a economia política fale a linguagem que lhe corresponde. Se esta linguagem não é precisamente a da moral, não culpemos Ricardo" (MEF, 630). A

---

[7] "Deves tornar venal, quer dizer, útil, tudo o que te pertence. Quando pergunto ao economista se obedeço a leis econômicas ao obter dinheiro mediante a entrega e o tráfico de meu corpo para o prazer de outros... o economista me responde: quando fazes isto não infringes as normas, mas deves preocupar-te com o que dizem a senhora moral e a senhora religião (...)" (MEF, 630).

venalidade, raiz de todos os males, é um fato social decorrente do trabalho alienado.

A economia política, ciência da venalidade, é a verdadeira expressão de um mundo em que pontificam as mercadorias, ou melhor, de um mundo onde a riqueza privada assume forma mercantil, e onde o próprio trabalho, por ser mercadoria, visa à venalidade. Essa é uma visão parcial do trabalho humano, na qual ele só é entendido como atividade aquisitiva, pensava Marx; contudo — o que é decisivo — uma visão que corresponde à vida real nas sociedades fabris.

> "De si, compreende-se que a economia política considera ao proletário, ou seja, a quem, carecendo de capital e de renda da terra, viva exclusivamente do trabalho, e de um trabalho unilateral, abstrato, simplesmente como *trabalhador*. Isto lhe permite sustentar a tese de que, à semelhança de qualquer cavalo, necessita ganhar o indispensável para poder trabalhar. No momento em que não trabalha não existe para ela, não é considerado por ela como um ser humano (...)" (MEF, 565).

Pois bem, este homem que só existe como trabalhador, o proletário (cavalo) a que se referem os economistas é um produto da sociedade industrial, tão real quanto a máquina a vapor.

A economia política, ciência da venalidade, seria a legítima expressão da sociedade burguesa. Marx combate não tanto a economia política, quanto seu fundo filistêico. A doutrina do interesse retrata a sociabilidade burguesa, mas não trata da essência humana, ou do homem em sua integralidade. Além disso, como vimos em Engels, os economistas não teriam conseguido tirar todas as conseqüências do fato disruptivo do trabalho alienado. No entanto, Marx não deixa de conferir à ciência da riqueza privada um caráter revolucionário, em nenhum momento deixa de considerá-la descritiva da vida real e em nenhum momento coloca em questão seu estatuto científico (já que, quanto ao papel ideológico da economia liberal, não tinha dúvidas).

Ainda assim, Marx não concordava com a metodologia de formulação de leis, pelos economistas. O erro consistiria em propor leis abstratas, sem levar em conta as mudanças. Leis que se cancelam não são leis. Já vimos que Engels se debatia com as mesmas questões, ao contestar o princípio do valor "real". Nos seus comentários ao *Elementos de Economia Política*, de James Mill, o tema reaparecia: "Se é uma lei constante que, por exemplo, o custo de produção determine em última instância (...) o preço (valor), é também uma lei não menos constante que os dois termos da relação não coincidam e que, portanto, não haja uma relação necessária entre o valor e o custo de produção" (EEEP, 522). Se a lei é uma abstração do movimento real (flutuações entre demanda e oferta, desproporção entre custo de produção e valor de troca), por que considerar o movimento como algo não essencial? Em suma, como desconsiderar a realidade na caracterização de sua abstração, a lei? Ou como determinar a lei pela ausência dela, a falta de lei (as flutuações)? Isto só ocorre, de acordo com Marx, porque "A verdadeira lei da economia política é o *acaso*, de cujo movimento extraímos nós, os cientistas, alguns momentos para formulá-los arbitrariamente em forma de leis" (EEEP, 522).

O acaso, a falta de lei, são a lei de um sistema que só pode afirmar-se através de embates: a sociedade mercantil. E se "A economia política — como o movimento real — parte da relação entre o homem e o homem como da relação entre um e outro proprietário privado" (EEEP, 528), ou seja, se só se reconhece no homem a relação de venalidade, seu mediador — o valor — terá de ser expressão da propriedade privada alienada. Será uma expressão de poder, de engano mútuo (concorrência, diria Engels), na qual "A intenção do engodo, da fraude, fica necessariamente posta no fundo, já que, sendo nossa troca uma troca egoísta tanto de tua quanto de minha parte, posto que cada egoísmo trata de impor-se ao outro, o que necessariamente pretendemos é mutuamente nos enganarmos" (EEEP, 535).

Se a relação humana é mediada pelo produto do trabalho e sua venalidade, se "Nosso valor mútuo é para nós o valor de nossos mútuos objetos (...) o homem, para nós, carece mutuamente de valor" (EEEP, 536). Nesses termos, a lei não é o homem, senão a mercadoria (a propriedade privada) enquanto poder.

Como conciliar o poder (apropriação) e a igualdade; o poder e a regularidade; o poder e as leis? Essa é uma questão que só iria ser encaminhada mais satisfatoriamente n'*O Capital*, passados vários anos. Para o jovem Marx, como para o jovem Engels, permanecia o paradoxo da economia política como um sistema científico cujas leis não conseguem ser uma abstração da realidade, porque na realidade prevalece a ausência da lei: o poder.

1.5 Dinheiro e poder

Para o homem, o dinheiro é um "mediador estranho a ele" (EEEP, 522). No mundo mercantil, as relações entre os homens assumem a forma de relações de propriedade privada a propriedade privada, ou, mais propriamente, desumanizam-se. Essa exterioridade é também domínio, comando de uma potência estranha ao homem, e significa uma perda de valor dos objetos. O valor transmigra para o dinheiro que, ao representar a essência da propriedade privada alienada, consuma o empobrecimento do homem.

O problema era menos o de caracterizar o dinheiro — o representante da venalidade universal — que o de demonstrar por que o dinheiro necessariamente decorre do trabalho alienado. "Por que a propriedade privada tem que se desenvolver até chegar ao regime monetário?" (EEEP, 524) A resposta merece atenção por ser exatamente análoga à formulada, n'*O Capital*, num contexto em que o sujeito é o capital, e no qual se está demonstrando a relação necessária entre a mercadoria e o dinheiro, ou melhor, o dinheiro enquanto desenvolvimento da mercadoria: "Porque o homem, enquanto ser social, tem que se desenvolver até chegar à troca e porque a troca — partindo da premissa da propriedade privada — tem que se desenvolver até chegar a valor" (EEEP, 524). O valor, nesse quadro, é a "relação abstrata entre uma propriedade privada e outras" (EEEP, 524).

Temos, portanto, uma relação entre trabalho alienado (propriedade privada), dinheiro e valor. O dinheiro é a expressão da alienação da propriedade privada e o valor a relação entre coisas postas pelo trabalho alienado: uma relação entre propriedades. O movimento é o do trabalho alienado.

N'*O Capital*, teremos: mercadoria, valor, dinheiro. A mercadoria deve desenvolver-se até a forma dinheiro, e o valor passa a ser entendido como atributo da mercadoria (um atributo social, que denota intercambiabilidade). Neste caso, o movimento é o da mercadoria, que carrega em si a forma da intercambiabilidade.

Em ambas as situações, no entanto, e guardadas as diferenças, o dinheiro (mediador) é resultado do movimento de algo anterior a ele. Ao exteriorizar-se, converte-se em potência independente: representante da propriedade, rompidos os nexos entre a propriedade e a essência subjetiva *(Manuscritos)*; expressão de riqueza objetivada, tendente à autonomia *(O Capital)*.

A exteriorização e a tendência à autonomização aproximam a noção de dinheiro dos *Manuscritos* da concepção de capital das obras de maturidade do autor, pelo menos no que diz respeito à indiferença em face da materialidade dos objetos que comanda. Veja-se como a questão está posta, em uma passagem dos *Manuscritos* em que Marx vincula dinheiro à alienação e à autonomia:

> "Com o dinheiro, que é a total indiferença tanto face à natureza do material, como face à natureza específica da propriedade privada, e face à personalidade do proprietário, manifesta-se o poder total da coisa alienada sobre o homem. O que é o poder da pessoa sobre a pessoa, é agora o poder geral da coisa sobre a pessoa, do produto sobre o produtor. Se já no equivalente, no valor, ia implícita a nota de alienação da propriedade privada, o dinheiro é a existência sensível, objetivada em si mesma, desta alienação" (EEEP, 531).

Trata-se, ainda nos *Manuscritos*, do "poder da coisa alienada sobre o homem". N'*O Capital*, o dinheiro que funciona não só como meio de intercambiabilidade plena, como também enquanto poder, é capital. Nesse ponto, Marx desenvolverá a percepção que Smith tem da riqueza enquanto capital: ela é poder, e sobretudo poder sobre trabalho alheio.

Mas o que dizer do capital, nas obras de juventude? Ele tem uma existência real e trata-se de uma categoria central da economia política, que aparece aos economistas como coisa. Nos *Manuscritos*, o capital é o produto do trabalho humano, enquanto trabalho alienado. É o produto que se afasta do trabalhador, por ter sido concebido na relação de propriedade privada. É o ponto culminante da relação da propriedade privada e, portanto, do movimento do trabalho alienado. O capital é resultado do rompimento dos vínculos naturais do homem. Ainda não constitui uma categoria-síntese, como viria a ser mais tarde para Marx e como fora (em outros termos) para a economia política, mas guarda já algumas das suas características — exteriorização, indiferença em face da existência natural e social — intrínsecas à posterior situação em que o capital, e não a propriedade privada, passa a ser sujeito da análise.

A este propósito, os *Manuscritos* referem-se à "(...) produção do objeto da atividade humana enquanto capital, no qual se dissolve toda determinabilidade natural e social do objeto e no qual a propriedade privada perdeu sua qualidade natural e social — (...) — em que o próprio capital permanece o mesmo através das mais diversas existências naturais e sociais, de todo modo indiferente a seu conteúdo real (...)" (MEF, 607).

Marx tinha em vista a generalidade da categoria capital na economia política, e sua contraposição a um trabalho também genérico, porque despido de toda particularidade natural. Aí residia, segundo ele, a diferença entre o capital e a terra, entre o lucro e a renda da terra, entre o trabalho livre e o trabalho gremial; em suma, a cristalização do capital como comando sobre o trabalho alheio, e do trabalho como dispêndio genérico de trabalho, típicos da atividade industrial.

O capital indiferente em relação a seu conteúdo é o capital "emancipado", e "o desenvolvimento necessário do trabalho é a indústria emancipada" (MEF, 608). O capital é propriedade privada já desenvolvida, liberta das determinações naturais.

Deve-se assinalar que os textos de juventude ainda não tratavam o capital como capacidade de apropriação de excedente. A temática do excedente estava ausente do pensamento do jovem Marx, o que aponta para uma aproximação ainda incompleta e parcial à economia política. Voltaremos a esse ponto mais adiante.

1.6 *Miséria da Filosofia:* **um Marx ricardiano?**

Na *Miséria da Filosofia* (1847) teríamos já um Marx totalmente convertido a *rationale* da economia política? A pergunta não é descabida, se nos basearmos no entusiasmo com que o Autor acolheu as proposições dos economistas e em particular a versão ricardiana da teoria do valor-trabalho. Marx não apenas ressaltava a adequação do sistema ricardiano ao mundo contemporâneo — "A teoria do valor de Ricardo é a interpretação científica da vida econômica atual" (MF, 60) — como afirmava residir aí, na capacidade de unificação teórica em torno da categoria valor, o cerne de sua cientificidade[8].

O ponto culminante da adesão à teoria ricardiana do valor residiu, certamente, na integral aceitação de sua extensão ao trabalho. A doutrina do salário de subsistência e a percepção de que o trabalho no capitalismo é ele próprio mercadoria marcam o texto de Marx, que conclui, exatamente como os economistas:

> "Resumamos: o trabalho, sendo ele próprio mercadoria, é medido como tal pelo tempo do trabalho que é preciso para produzir o trabalho-mercadoria. E o que é preciso para produzir trabalho-mercadoria? Justamente aquilo que é preciso de tempo de trabalho para produzir os objetos indispensáveis à manutenção incessante do trabalho, ou seja, para fazer viver o trabalhador e colocá-lo em condições de propagar sua raça" (MF, 62).

---

[8] "Ricardo constata a verdade de sua fórmula fazendo-a derivar de todas as relações econômicas, e explicando por este meio todos os fenômenos, mesmo os que, à primeira vista, parecem contradizê-lo, como a renda, a acumulação dos capitais, a relação entre salários e lucros; é isto precisamente o que faz de sua doutrina um sistema científico" (MF, 60).

Nos *Manuscritos Econômico-Filosóficos* e no *Esboço de uma Crítica à Economia Política*, ainda causava estranheza a Marx e a Engels que o trabalho pudesse ver-se reduzido a mercadoria, e desse modo subordinado à regra do valor mínimo. Por outro lado, até mesmo o caráter científico da teoria do valor fora impugnado por eles, ou ao menos posto entre parênteses, na presença de uma situação em que prevalecia a ausência de regras.

Vale a pena advertir que a irrestrita adesão ao valor-trabalho e a aceitação integral da formulação ricardiana tinham muito a ver com o intuito polêmico do texto. *A Miséria da Filosofia* atacava, na figura de Proudhon, um tipo de socialismo que pretende derivar da proposição de que o trabalho determina o valor, a chave para a afirmação da igualdade. Teríamos assim um socialismo pequeno-burguês que, segundo Marx, desconhecia as verdadeiras determinações do capitalismo. A medida do valor relativo pelo tempo de trabalho, pelo contrário, constituiria a "(...) fórmula da escravidão moderna do operário" (MF, 63), e não de sua emancipação. Ao valorizar Ricardo, Marx desejava reforçar a argumentação de que o socialismo proudhoniano brande as fórmulas da exploração sem conseguir explicar por que não se pode obter, da sociedade onde rege o valor, a igualdade. Enfim, mostrar-se ultra-ricardiano fazia parte da lógica e da retórica de um texto cujo intuito polêmico era marcante.

De qualquer modo, parece que *A Miséria da Filosofia* marca a definitiva aceitação por Marx do valor-trabalho e, por meio deste, do ponto de vista da economia política. O que há de verdade nesta afirmação? Até que ponto vestiu Marx o figurino ricardiano; ou, expressando melhor, em que medida o crítico da sociedade burguesa é também um crítico da economia política em 1847? As respostas a essas perguntas permitem um melhor contato com a verdadeira natureza da apropriação da economia política por Marx.

Para qualificar as relações entre Marx e a economia política é necessário, em primeiro lugar, levar em consideração o predomínio da visão materialista de história. A exposição mais detalhada desse aspecto pertence à *Ideologia Alemã* (uma obra contemporânea), mas a concepção da interação entre o desenvolvimento de forças produtivas e as relações sociais de produção ocupava um lugar destacado na *Miséria da Filosofia*. O pensamento de Marx a respeito pode ser condensado em uma frase — "O moinho a braço resulta na sociedade com o suserano; o moinho a vapor na sociedade com o capitalismo industrial" (MF, 119) — a qual é tanto concisa quanto emblemática na caracterização do homem e do fazer humano a partir de suas dimensões histórico-temporais. Os modos de produção impõem-se como sínteses de relações sociais e de forças produtivas.

Nessa maneira de considerar o homem, que enfatiza o papel do desenvolvimento material e subordina o movimento histórico à tensão entre grupos sociais antagônicos e característicos dos modos de produção, vai implícita uma crítica aos procedimentos da economia política. Os economistas eternizariam e naturalizariam as relações sociais. Teriam o costume de transformar em "leis naturais" os princípios prevalecentes nas sociedades burguesas[9]. Para Marx, as "leis naturais" nada mais são do que os princípios da sociedade burguesa, retirados do contexto. A naturalização do homem e das relações sociais suprime o devir histórico. Para os economistas "(...) houve história, mas não há mais" (MF, 130); suas leis são revolucionárias tendo em vista o passado e conservadoras em face do presente e do futuro.

A opinião é definitiva e os trabalhos subseqüentes só viriam a consolidá-la. Talvez a sua exposição mais sintética possa ser encontrada na *Introdução à Crítica da Economia Política*, na qual Marx qualifica as "robinsonadas" da economia política (por exemplo: o caçador e o pescador isolados, de Smith e Ricardo) como um retorno apenas aparente ao passado e à natureza, pois temos nelas "(...) uma antecipação da sociedade burguesa, que se preparava desde o século XVI, e no século XVIII deu larguíssimos passos em direção à sua maturidade" (PCEP, 109).

---

[9] "Ao dizer que as relações atuais — as relações de produção burguesas — são naturais, os economistas dão a entender que essas são as relações no interior das quais se cria a riqueza e se desenvolvem as forças produtivas em conformidade com as leis de natureza. Logo, estas relações são elas próprias leis naturais independentes da influência do tempo. São leis eternas que devem sempre reger a sociedade" (MF, 129).

Contudo, se a crítica envolve uma nova concepção do homem e da história, presente na *Miséria da Filosofia* mas ausente nos *Manuscritos Econômico-Filosóficos*, não é menos verdade que ela veio a complementar um ponto de vista já contido nos textos de 1844-45 e de não pouca importância, segundo o qual as categorias da economia política representam a moderna sociedade e as novas formas de sociabilidade progressivamente emergentes com a dissolução do mundo feudal. O capital resume a forma genérica de propriedade e de riqueza que se impõe a partir daí. A teoria ricardiana retrata a quintessência da vida econômica atual — não passando de uma abstração das relações sociais burguesas — porque subordina a dinâmica da renda da terra à formação da taxa média de lucro, e converte a oposição entre lucros e salários no fato econômico dominante. Os economistas suprimem a historicidade de suas leis, mas estas revelam o núcleo das relações sociais burguesas.

Temos aqui, portanto, não apenas uma crítica à a-historicidade da economia política, como também um reforço à constatação de que as categorias econômicas refletem um "fato econômico atual". Nessa medida, o valor aparece como uma relação social constituída pela sociedade mercantil[10], e é neste exato contexto que faz sentido a apropriação da lei do valor por Marx: como lei de sociabilidade, constituída pelas relações sociais burguesas (a despeito de os economistas não o terem percebido claramente).

Na *Miséria da Filosofia*, a vida econômica concreta sobrepõe-se à determinação natural do homem. Talvez esteja aqui a verdadeira mudança de pontos de referência, rumo a uma concepção materialista de história. Quando as forças produtivas são as da indústria moderna, o homem é o proletário. A concorrência incumbe-se de impor a todos, como regra da vida social, as leis econômicas. Esse ponto focal aparece de maneira muito nítida em um trecho que explica como se processa a igualação entre tempos de trabalho e a formação do "trabalho simples" como abstração real no capitalismo:

---

[10] "Ricardo nos mostra o movimento real da produção burguesa, que constitui o valor (...)" (MF, 60).

"Esta redução de jornada de trabalho complexo a simples não supõe que se tome o próprio trabalho simples como medida de valor? A quantidade de trabalho, servindo somente ela, sem relação à qualidade, como medida de valor, supõe por sua vez que o trabalho simples tornou-se o pivô da indústria. Ela supõe que os trabalhos sejam equiparados pela subordinação do homem à máquina, ou pela divisão extrema do trabalho; que os homens desapareçam diante do trabalho; que o movimento do pêndulo tenha-se tornado a medida exata da atividade relativa de dois operários, como o é da velocidade de duas locomotivas (...)" (MF, 64).

Nestas condições — as condições da sociedade fabril — é que Marx pôde concluir: "O tempo é tudo, o homem nada; ele é quando muito a carcaça do tempo" (MF, 64). O homem reduzido a nada (o proletário) e o trabalho reduzido a tempo (trabalho fabril): eis as circunstâncias em que se afirma a lei do valor.

1.7 Valor e capital na *Miséria da Filosofia*

A adesão ao princípio de que o valor relativo das mercadorias é determinado pelo tempo de trabalho nelas contido iria, naturalmente, alterar a opinião de Marx acerca da concorrência. Agora, "A concorrência realiza a lei segundo a qual o valor relativo de um produto se determina pelo tempo de trabalho necessário para produzi-lo" (MF, 75). A concorrência impõe a norma. Ela não é mais entendida (apenas) como disruptiva. Mais ainda — e fundamentalmente — a lei social só pode afirmar-se mediante a concorrência; os valores só podem prevalecer mediante um sistema de diferenciação entre preços e valores, obrigatório nas sociedades em que as decisões de produzir são autônomas.

Em tais sociedades, os mecanismos de diferenciação e de ajustamento entre custos individuais de produção e valores sociais são comandados pelo capital. A concorrência, em suma, é basicamente uma concorrência entre as frações individuais e genéricas da riqueza social, os capitais. Marx aproxima-se bastante da visão de Ricardo sobre a concorrência, interpretando e defendendo com muita agudeza a teoria da renda diferencial que, como se sabe, foi sobretudo uma peça lógica no sistema ricardiano de determinação da taxa de lucro e da formação dos preços relativos.

Na medida em que tanto a teoria do valor quanto a concepção de riqueza e de capital passam a ser marcadamente ricardianas, cabe perguntar se é razoável afirmar-se que na *Miséria da Filosofia* a crítica à economia política é estritamente histórico-social. A mais decisiva (e quase única) crítica marxiana de 1847 seria então a de que a economia política "naturalizou" as relações sociais burguesas, suprimindo a história? O papel dos críticos, nesse caso, seria o de advertir quanto ao caráter conservador do pensamento econômico, advindo de sua desconsideração da superação histórica?

Acreditamos que seja difícil, e de resto pouco elucidativo, dar-se uma resposta taxativa a essas questões: sim ou não. Na realidade, a *Miséria da Filosofia* representa na obra de Marx um ponto de transição na crítica à economia política, no qual — a meu ver — devem ser menos enfatizadas as conquistas (aceitação do valor-trabalho, concepção materialista) do que as insuficiências.

Essa transição caracterizava-se ainda, no fundamental, pela ausência da noção de capital, que viria a desempenhar o papel central na madura crítica marxiana. Na verdade, ao tomar o valor como princípio teórico fundamental, Marx — como Ricardo — deixou-se levar por uma das dimensões da sociabilidade burguesa, a da igualdade. Embora o valor seja uma categoria constituída pela economia burguesa — porque a economia burguesa constitui o produto do trabalho como mercadoria — ele não esgota o sentido profundo das relações sociais no capitalismo, que tem tanto de igualdade quanto de desigualdade.

Ater-se ao valor significava render-se ao princípio teórico da igualdade, e, nessa medida, a crítica marxiana de 1847, ainda que contundente, permanecia confinada a um foco restrito. A acusação de que os economistas "naturalizam" as relações sociais burguesas era forte, porém incompleta. Baseava-se inteiramente numa concepção histórica e materialista das sociedades humanas, sem contudo oferecer nenhuma alternativa teórica, ou qualquer alternativa econômica, ao valor (à igualdade). Enfim, desconhecia a possibilidade de propor um princípio econômico alternativo, capaz de explicar a tendência à assimetria social vigente nas sociedades burguesas.

Tal princípio viria a ser o do capital, e as leis de movimento da economia (leis do capital), leis de reiteração da desigualdade, em sua forma moderna. Embora esse argumento adote o ângulo privilegiado do que viria a ser a crítica marxiana madura, pode-se por enquanto prescindir dele. O leitor atento da *Miséria da Filosofia* não deixará de encontrar nessa obra uma lacuna flagrante, mesmo se tomar a economia política clássica como exclusiva referência. O problema residia, novamente e não por acaso, na noção de capital.

Com efeito, a visão que Marx tinha do capital em 1847 era quase paradoxal. Por um lado, ele reconhecia no capital a forma genérica de riqueza, correspondente ao capitalismo; vinham daí suas críticas aos mercantilistas, fisiocratas, e quaisquer pensadores que tivessem de um modo ou de outro particularizado a riqueza social. Já reconhecia, no par opositivo típico nas sociedades burguesas, capitalistas e proletários, ambos subprodutos do mundo fabril, a expressão moderna das forças produtivas. Identificava, outrossim, no trabalho proletário indiferenciado o verdadeiro pólo oposto ao capital. Contudo, ainda desconhecia, ou ao menos deixou de ressaltar, aquilo que torna o trabalhador o verdadeiro criador da riqueza capitalista: sua capacidade de geração de excedente, ou seja, trabalho além do requerido para a sua subsistência.

A conseqüência nada ocasional da falta de entendimento do capitalismo como uma economia excedentária era a pequena atenção dada à categoria-chave da economia clássica, a taxa de lucro. A determinação da taxa de lucro, expressão e medida do caráter expansivo do capitalismo, não parece ter chamado a atenção de Marx, a despeito de seu apego à teoria de Ricardo.

Um aspecto talvez revelador desta omissão reside na ambigüidade das referências a Adam Smith. Na *Miséria da Filosofia*, Marx aproximava-se de Smith ao discutir a divisão do trabalho, mas dele se afastava ao discutir a acumulação do capital. Caracteristicamente — e como é sabido — a teoria smithiana da acumulação é aquela que de modo mais aberto remete à estrutura assimétrica das relações sociais no capitalismo, bem como à centralidade da temática da transferência do excedente econômico.

Em suma, Marx não soube ainda na *Miséria da Filosofia* entender o capital como uma forma primária e básica de extração de excedente econômico e, em conseqüência, não pôde converter o capital em princípio constitutivo. Decorria daí que apenas contasse com o valor como princípio fundamental constituído pelas relações sociais burguesas. A história está presente (há capitalismo), mas não o capital. Ou — se desejarmos suavizar a afirmação — apenas havia um capital entendido como riqueza genérica, mas não como relação social de criação de riqueza genérica, mediante um sistema de produção e transferência de excedente em que ressaltam tanto a igualdade quanto a assimetria.

Nessa perspectiva, a propalada adesão ao princípio do valor-trabalho representa ao mesmo tempo um avanço e uma insuficiência. Marx aderiu a Ricardo porque ainda não dispunha de um sistema teórico alternativo ao de Ricardo. Na *Miséria da Filosofia* ele é um crítico do capitalismo, mas um crítico incompleto e bastante parcial da economia política, ao menos pela ausência de uma clara compreensão do capitalismo enquanto regime especial de produção de excedente.

Em resumo, nos *Manuscritos* e no *Esboço*, Marx e Engels já haviam acolhido a economia política como um ponto de vista privilegiado para o conhecimento da sociabilidade burguesa, o que torna parcial e condicional a afirmação de que rejeitavam o pensamento econômico clássico. Na *Miséria da Filosofia*, por sua vez, a adesão de Marx ao sistema de Ricardo está condicionada a uma concepção imatura e incompleta de capital. O estudo dessa aproximação complexa à economia política serve como introdução à obra de Marx: uma tentativa de construção da crítica da economia política como reflexão científica sobre o capitalismo.

2
Valor, mercadoria e capital

2.1 Uma teoria do capital

A primeira aproximação de Marx e Engels à economia política, conforme vimos no capítulo anterior, foi marcada por atração, rejeição e, simultaneamente, pela dificuldade em entender a natureza de uma ciência dedicada à compreensão da lógica expansiva do sistema econômico por meio de uma relação-síntese, a taxa de lucro. Para os jovens Marx e Engels, se havia na economia política traços do capitalismo — e um dos méritos dos economistas foi justamente o de terem entendido o capital como riqueza genérica, impessoal, moderna — eles, os economistas, foram incapazes de compatibilizar as categorias econômicas (valor) com a trajetória antinômica e cíclica da produção fabril; se a ciência se baseia em leis e regularidades, não consegue captar a transformação disruptiva; se a caracterização de sociedade (trabalhadores, capitalistas, proprietários fundiários) era fiel ao mundo da produção, a doutrina do interesse deixava de descrever adequadamente o conflito social. Enfim, se "(...) a anatomia da sociedade burguesa deve ser procurada na economia política", ainda assim os economistas mostraram-se incapazes de levar às últimas conseqüências a interpretação dos fatos sociais da época.

A superação dessa atitude de aceitação e rejeição ainda hesitantes, rumo à constituição de uma crítica da economia política capaz de conciliar a compreensão do núcleo orgânico do modo de produção com a objeção racional a ele, passaria pela reelaboração da noção de *capital*. Como se sabe, para chegar a uma concepção-síntese de capital, capaz de compatibilizar igualdade e desigualdade, valor e apropriação, equilíbrio e movimento transformador — ou seja, capaz de descrever a realidade sistêmica do capitalismo e assim compreender e transcender a economia política clássica, Marx teve de proceder a uma ampla reavaliação da teoria dos lucros e do dinheiro[1]. Nessa reavalição fundiram-se elementos presentes na primeira crítica marxiana com categorias próprias à temática econômica do excedente, todos trasladados à nova concepção de capital.

Cumpre mencionar cinco desses elementos, os três primeiros uma reelaboração da primeira crítica aos economistas e os dois últimos decorrentes da reavaliação da teoria dos lucros. Estes elementos são: *i)* a caracterização do capital como pólo oposto ao trabalho e simultaneamente constituído por ele; *ii)* o entendimento do capitalismo como modo de produção historicamente determinado, e da produção fabril como produção capitalista por excelência; *iii)* a caracterização do capital como valor e, portanto, como riqueza genérica; *iv)* a atribuição do movimento expansivo do sistema ao produto excedente do trabalho, mediante a incorporação da temática da taxa de lucro, transformada (na forma de "taxa de mais-valia") em instrumento compatível com a antinomia entre trabalho assalariado e capital; *v)* a consumação da aproximação à dialética hegeliana, já que, ao dispor de uma teoria relacional e antitética do excedente, poder-se-ia reapresentar o capital como sujeito autônomo e como totalidade, atribuindo-lhe uma lógica imanente e adequada à descrição orgânica (lógica, e não histórica) do modo de produção, bem como à apresentação de seu movimento como movimento do capital.

Esses elementos integram a concepção marxiana madura de capital, que ordena a crítica da economia política e a exposição

---

[1] Veja-se a respeito da trajetória intelectual de Marx as obras de Mandel e de McLellan, citadas na primeira nota de rodapé do capítulo anterior.

de um sistema de economia política alternativo. Sua apresentação resumida contribuirá para melhor entendimento da teoria do valor já que, por razões a serem discutidas mais adiante, a pressuposição e a não-explicitação da noção de capital na apresentação do valor representam um dos maiores obstáculos ao entendimento de *O Capital*.

i) Capital e Trabalho

Nos *Manuscritos Econômico-Filosóficos*, Marx afirmava que o trabalho alienado constituía o produto do trabalho como um objeto estranho ao produtor. O capital seria o ponto culminante dessa exterioridade do objeto em relação à naturalidade do trabalho humano. Ele emana da propriedade privada e é constituído pelo trabalho alienado. Ao estar posto assim, ele se relaciona com um trabalho que também lhe é indiferente quanto à sua naturalidade. O capital, desse modo, não é apenas constituído pelo trabalho (alienado), mas representa também o seu pólo oposto. O trabalho constitui o capital enquanto propriedade (riqueza) alheia.

Essa noção de capital viria a sofrer uma transformação nas obras de maturidade, mas temos aqui já postos dois de seus aspectos centrais. Para Marx, o capital é *constituído* pelo trabalho; vale dizer, ele é gerado pela atividade. Além disto, ele se relaciona em termos antitéticos ao trabalho. Capital e trabalho são os dois elementos cuja polaridade define a relação social moderna.

Nas obras de maturidade, Marx distinguiria a constituição das relações sociais — um fato a ser explicado historicamente — de sua reprodução — um processo lógico. A reiteração das relações capitalistas é assegurada pelo fato de o capital (uma relação social) ser um resultado da atividade humana. Deixando para mais adiante a análise da reprodução das relações sociais, não se pode deixar de destacar aqui o papel decisivo desempenhado pela atividade humana no sistema de Marx.

ii) A determinação histórica do capital

Mesmo quando presos a uma concepção estritamente filosófica de homem, Marx e Engels tinham em vista o moderno mundo fabril. A indústria, o proletariado e os novos movimentos políticos emanados da proletarização do trabalho forneciam-lhes um horizonte vivo para as considerações sobre o trabalho alienado. O trabalho alienado em seu grau máximo era, para Marx, o trabalho proletário. Dessa maneira, a industrialização era vista como o fato histórico dominante, ainda que nos *Manuscritos Econômico-Filosóficos* o movimento constitutivo do real fosse o do trabalho genérico (alienado), e não o do capital.

Já a determinação institucional da propriedade nunca chegou a representar uma questão central. O interesse de Marx sempre residiu no processo subjetivo de constituição da riqueza como propriedade privada, mediante o exercício do trabalho (alienado). A perspectiva de que a desigualdade se reconstitui por meio da atividade produtiva supera totalmente a tradicional discussão sobre as origens da propriedade, encontrada nos trabalhos pioneiros de Locke, Cantillon e Smith.

A determinação histórica do trabalho e o relevo conferido à especificidade tecnológica do modo de produção deslocavam ainda mais a questão estática da determinação institucional, em benefício do exame circunstanciado das potencialidades criativas do regime industrial e dos seus efeitos sobre o trabalho e a riqueza privada. Essa foi uma das principais conseqüências da adoção do materialismo histórico como ponto de referência.

A preponderância da determinação histórica forneceu também um novo e complexo ângulo de ataque à economia política. Já na *Miséria da Filosofia*, Marx acusava os economistas de naturalizarem as relações sociais burguesas. No entanto, o simples fato de o "homem natural" dos economistas ser uma espécie de compêndio de princípios que só adquirem existência no mundo burguês já mostrava que a economia política dizia respeito às condições de produção modernas. Os economistas pareciam ignorá-lo, mas o livre-arbítrio, o utilitarismo, a doutrina do interesse, só podem existir no mundo burguês. O mesmo ocorre com as categorias econômicas, inclusive o valor.

A crítica de Marx abrange tanto a elisão da determinação histórica quanto a constatação de que a eternização de relações sociais, de comportamentos e categorias econômicas retratam a sociabilidade burguesa. Tratava-se de uma crítica de certa complexidade, bem ilustrada por esta passagem dos *Grundrisse*:

"A redução de todos os produtos e de todas as atividades a valores de troca pressupõe tanto a dissolução de todas as rígidas relações de dependência pessoais (históricas) na produção, como a dependência recíproca geral dos produtores. Não só a produção de cada indivíduo depende da produção de todos os outros, como a tansformação de seu produto em meios de vida pessoais passa a depender do consumo de todos os demais. Os preços são coisa antiga, assim como a troca; mas tanto a determinação progressiva dos primeiros através dos custos de produção como o predomínio da troca sobre todas as relações de produção desenvolvem-se plenamente pela primeira vez, e seguem se desenvolvendo cada vez mais plenamente, apenas na sociedade burguesa, na sociedade da livre concorrência. O que Adam Smith, à maneira tão própria do século XVIII, situa no período pré-histórico e faz preceder a história, é sobretudo um produto desta" (G, 83).

As mesmas considerações devem ser estendidas ao capital. Para os economistas, o capital era um "instrumento". O caçador e pescador primitivos, de Smith e Ricardo, utilizam capital, na forma de arcos, flechas, anzóis. Para Marx, ao contrário, o capital é uma relação social historicamente determinada, e apenas em situações sócio-históricas bem caracterizadas os instrumentos vêm a ser capital. Ainda assim, a noção de capital da economia política foi revolucionária por estar associada à riqueza genérica e, em decorrência, ao valor. Ela desnaturaliza, despersonaliza, privatiza e generaliza a riqueza; retrata fatos históricos postos pela produção em bases burguesas, o que reflete o compromisso dos economistas para com as relações sociais da vida moderna.

iii) O capital como "adiantamento" e como valor
Para a economia política, o capital possui duas dimensões: ele é "adiantamento", vale dizer, meios de produção

e de subsistência lançados antecipadamente a cada ciclo produtivo e, simultaneamente, é valor, ou seja, riqueza genérica, uma fração determinada da riqueza social.

A primeira dimensão aponta para o ciclo produtivo. Os "adiantamentos" remetem à organização da atividade econômica, como está bem caracterizado na concepção dos fisiocratas, para quem os diversos tipos de adiantamento apareciam como requisitos materiais para a produção (agrícola, no caso). A subsistência dos trabalhadores agrícolas era um "adiantamento": ela devia ser antecipada aos trabalhadores porque o produto é apenas virtual enquanto o processo produtivo não se encerra. Muitas vezes a dimensão de "adiantamento" coisifica o capital, ao identificá-lo com meios materiais, mas ao mesmo tempo tem o mérito de embasá-lo na esfera da produção.

Já a segunda dimensão — valor — destaca a característica de ser produto do trabalho do capital. Nela, o capital é uma mercadoria entre outras, um produto do trabalho humano. Distingue-se das demais por ser reprodutiva e, nessa medida, por ser valor que se multiplica. O lucro e a taxa de lucro são pertinentes a essa dimensão.

Marx procuraria conciliar as duas dimensões tomadas da economia política com a concepção de que o capital é uma relação social historicamente determinada. Através desse procedimento, a determinação social — principal argumento de Marx — tornar-se-ia capaz de abarcar os elementos das duas dimensões de capital levadas em consideração pela economia política. Numa passagem de *Trabalho Assalariado e Capital* a combinação aparece de forma nítida, embora ainda incipiente sob o ponto de vista da sua elaboração teórica:

> "O capital é também uma relação social de produção. É uma relação burguesa de produção, uma relação de produção da sociedade burguesa. Os meios de subsistência, os instrumentos de trabalho, as matérias-primas que constituem o capital não foram produzidos e acumulados em dadas condição sociais, em determinadas relações sociais? E não é precisamente esse caráter social de-

terminado que transforma em capital os produtos destinados à futura produção?

O capital não se compõe apenas de meios de subsistência, de instrumentos de trabalho e de matérias-primas, não se compõe apenas de produtos materiais; compõe-se ainda de valores de troca. Todos os produtos que o constituem são mercadorias. Desse modo, o capital não é apenas um conjunto de produtos materiais, mas ainda um conjunto de mercadorias, de valores de troca, de grandezas sociais" (TAC, 28).

Assim, a concepção marxiana de capital comporta uma gama de atributos. O capital é riqueza genérica, valor, e daí apresentar-se sob uma forma (dinheiro) que expressa o valor de troca em si, ou a autonomia do valor em relação à materialidade dos objetos. O capital está afeto ao processo produtivo, pois apenas nele se pode valorizar (como veremos mais adiante); nesta medida, materializa-se em instrumentos, em meios de tabalho e salários (bens de subsistência), reportando-se à estrutura técnico-produtiva. Contudo, nem toda riqueza genérica é capital, e nem todo adiantamento é capital. Só o serão com um "caráter social determinado".

iv) A mediação da teoria do excedente

A concepção econômica de relações sociais só pôde ficar completa através da apropriação da temática do excedente. Com efeito, se o núcleo vital do regime capitalista de produção for a oposição entre capitalistas e trabalhadores, apenas uma mediação econômica entre os dois pólos será capaz de conferir um significado orgânico a essa contraposição. Marx chegou a tal ponto por meio da reconversão da temática dos lucros da economia política numa teoria da mais-valia, ou da exploração.

Novos e velhos elementos faziam parte dessa teoria da maisvalia, que resumidamente incluía: *a)* uma concepção da determinação do valor pelo trabalho; *b)* a determinação física (e em valor) de um salário de subsistência; *c)* a reiteração, em seqüência, de que o "lucro" (a mais-valia) é produto do trabalho, subtraído ao trabalhador. Desse modo tornou-se possível conferir à concepção smithiana de que o lucro é subtração do produto do trabalho o caráter de "exploração", ou seja, de apropriação econômica de sobretrabalho, legal e inerente ao sistema capitalista, além de pertinente à determinação de valor como produto do trabalho.

Em outro capítulo deste livro retomaremos com maiores detalhes a temática da mais-valia. No momento, e a título de introdução, basta ressaltar que, por meio dela, Marx chegou à determinação do valor enquanto capital. Já havíamos ressaltado anteriormente que o capital é valor, por ser produto do trabalho, riqueza genérica, mercadoria e valor de troca. A teoria da mais-valia inverteu e completou o movimento, ao determinar o valor como capital, ou converter todo o produto excedente em capital, riqueza estranha e oposta ao trabalhador.

O processo capitalista de produção reitera-se assim como processo de produção de valor excedente, ou de capital, e não somente de valor. O capital é reconstituído pela atividade humana (conforme vimos anteriormente), através da criação de mais-valia.

Deve-se notar que a apropriação e a reconversão da temática do excedente, na forma de uma "teoria da mais-valia", possibilitaram a Marx compatibilizar a teoria do valor e a concepção econômica de excedente e, desse modo, estabelecer um nexo entre valor e capital. Essa seria a chave para o entendimento da teoria do capital como princípio lógico do regime capitalista, conforme veremos mais adiante.

v) O capital como sujeito

Graças à mediação da teoria do excedente, Marx conseguiu estabelecer um sistema de realimentação entre os dois pólos opostos da produção capitalista, o capital e o trabalho. A constituição do produto do trabalho pelo trabalhador como capital, ou seja, como termo oposto e alienado, passa a encontrar com a noção de sobretrabalho um instrumento para que se possa determinar o capital como *relação*. O nexo básico do capital (relação social) é justamente a transferência de sobretrabalho e, mais do que isso, uma transferência estritamente econômica: determinada na relação social, e dela determinante, na medida em que produzir é constituir um excedente que adere ao termo oposto ao trabalho. Com isso, o que sempre fora visto por Marx como uma relação antitética transformou-se em totalidade. Se o capital se reproduz a expensas do trabalho, e reiteradamente, ele adquire subjetividade. Por ter uma natureza relacional auto-expansiva, torna-se sujeito, passando a realizar um movimento que é o seu movimento. As leis de movimento do capital transformar-se-iam em leis de constituição da totalidade, da relação econômica, do próprio capital.

Foram várias as conseqüências dessa auto-exposição e auto-constituição do sujeito, possibilitada — vale insistir — pela mediação de uma teoria do excedente na forma de "mais-valia". Ao longo deste texto tais conseqüências serão devidamente analisadas, mas vale a pena desde já antecipar algumas delas.

Em primeiro lugar, n'*O Capital* Marx pretendeu estabelecer as "leis de movimento" do capital. Não se tratava de chegar ao capital apenas como conceito, mas de explicitar-lhe as leis de movimento como sendo suas leis. Em segundo lugar, e em decorrência da meta anterior, a relação complexa (o capital) passou a ser apresentada partindo de suas determinações mais simples, determinações que vão constituí-lo como sujeito e que, não obstante, já o pressupõem como totalidade. Finalmente, e na medida em que o sujeito dizia respeito a uma contraposição nuclear entre o capital e o trabalho, tornou-se necessário, num primeiro momento, ignorar todas as determinações que não emanassem desse núcleo antitético primário. O capital passaria a ser apresentado como o que se opõe a (e é constituído por) um trabalho genérico, ou abstrato; isto é, como uma abstração correspondente ao núcleo básico da relação social capitalista, como valor em relação à fonte constitutiva do valor. Todas as demais determinações não diretamente redutíveis ao núcleo opositivo básico iriam permanecer em suspenso. As frações de capital apareceriam apenas enquanto representativas do movimento dessa totalidade, ou como frações ideais genéricas do capital. O capital individual seria apenas uma alíquota prototípica do capital em geral e dotada de seus predicados. Sua individualidade ainda não era uma diversidade.

2.2 Mercadoria[2]

A teoria do valor vem exposta no primeiro capítulo de *O Capital* num contexto em que o sujeito da exposição — a mercadoria propriamente dita — e seus atributos — o valor de uso, o valor de troca — parecem situar-se aquém das relações capitalistas. Ter-se-ia, aparentemente, uma teoria do valor anterior ou mesmo externa ao capital e ao capitalismo; algo pertinente à "circulação simples", aos "produtores independentes", esferas em que os indivíduos não aparecem enquanto capitalistas ou trabalhadores assalariados.

À primeira vista, Marx teria recuado para um contexto anterior ao capitalismo, para nele situar a proposição de que o valor é determinado pelo tempo de trabalho. Nesse caso, como efetuar a passagem ao capital e ao capitalismo, já que não resta dúvida de que o objetivo da obra é "(...) descobrir a lei econômica do movimento da sociedade moderna (...)"? (K, 13). Por outro lado, se o capital é sujeito, se a relação social se auto-recompõe, qual é o sentido de elidir a relação social, ao apresentar aquilo que Marx entende ser a lei fundamental da sociabilidade moderna, a lei do valor? Em resumo, por que iniciar com a mercadoria se o objetivo e o pressuposto é o capital?

As razões são diversas e merecem uma explicitação, já que estão associadas ao núcleo da concepção de valor de Marx. Começando pela mais simples, cumpre assinalar que a mercadoria é a

---

[2] Como é sabido, os três primeiros capítulos de *O Capital*, nos quais é apresentada a versão de Marx para a teoria do valor-trabalho, representam um grande obstáculo para o leitor. Acredito, no entanto, que diversas dificuldades (e também alguns mal-entendidos) habituais na leitura dos primeiros capítulos podem ser contornados no restante da obra. Considero uma boa estratégia a leitura seqüencial de *O Capital*, com retomadas da temática do valor à medida que novos argumentos venham a aparecer. Em sintonia com esse critério, o presente capítulo apresenta apenas tópicos e questões indispensáveis para uma primeira aproximação e um melhor entendimento da exposição de Marx sobre o valor. O tema será retomado diversas vezes e sob outros ângulos nos capítulos subseqüentes, em particular na discussão sobre preços de produção, que oferece uma perspectiva privilegiada para uma visão de conjunto do problema.

célula básica da sociedade moderna[3]. Não se oculta a relação social, mas simplesmente se recorre a uma forma elementar que subentende o capital e, simultaneamente, tem o dom de situá-lo. Para expor a relação complexa, parte-se de algo que, embora compreendido nela, é absolutamente evidente: a mercadoria. O primeiro parágrafo do primeiro capítulo estabelece: "A riqueza das sociedades em que domina o modo de produção capitalista aparece como uma imensa coleção de mercadorias, e a mercadoria individual como sua forma elementar. Nossa investigação começa, portanto, com a análise da mercadoria" (K, 45).

A mercadoria, portanto, é o ponto de partida. Possui subjetividade e executa o movimento das categorias porque é forma elementar de riqueza na sociedade burguesa. Na exposição, ela se antecipa ao capital porque, como riqueza moderna, de certo modo o representa.

O valor, por sua vez, é atributo da mercadoria. Não é "ponto de partida", nem "conceito" preliminar. É apenas uma forma de manifestação do produto do trabalho nas sociedades burguesas e, em conseqüência, uma relação social inerente à mercadoria. Ao criticar um comentador, Marx esclareceria:

> "*De prime abord*, eu não parto dos 'conceitos', nem portanto do 'conceito do valor', razão pela qual não tenho por que 'dividir' em algum modo este 'conceito'. Eu parto da forma social mais simples em que toma corpo o produto do trabalho na sociedade atual, que é a 'mercadoria'" (GW, 718).

O valor pode e deve expressar-se imediatamente como uma relação mercantil entre "produtores independentes". Os produtores independentes não constituem uma sociedade anterior ao capitalismo, e seu conjunto não descreve historicamente modos de produção. A interação entre produtores independentes sim-

---

[3] "Para a sociedade burguesa, a forma celular da economia é a forma de mercadoria do produto do trabalho ou a forma do valor da mercadoria" (K, 12).

plesmente delimita o espaço lógico da produção mercantil (da mercadoria), prescindindo de determinações adicionais que são próprias do regime do capital.

Uma sólida ancoragem na tradição da economia política é outra das conseqüências de se partir da mercadoria. Smith, Ricardo, e, antes deles, Hume, Quesnay, Cantillon, fundaram a economia política em oposição ao preceito mercantilista de que riqueza é tesouro metálico. Constituir a mercadoria — o produto do trabalho humano — em verdadeira riqueza foi uma tarefa do regime burguês e, nessa medida, os economistas que reconheceram na mercadoria a riqueza por excelência adequaram a discussão econômica à vida econômica moderna. Com a temática da mercadoria, Marx herdou grande parte das conquistas dos economistas, em especial a moderna definição de riqueza.

A mercadoria, ademais, contém uma dualidade adequada à constituição de pólos antitéticos, necessários ao movimento dialético. Ela não possui a plena subjetividade do capital (que emanará de sua natureza relacional); trata-se apenas de um pré-sujeito, cujo movimento em direção ao dinheiro e ao capital é efetuado pela contraposição entre forma natural e forma social. De acordo com os economistas, ela é um bem de usufruto (valor de uso) e um meio de intercâmbio (valor de troca). Para Marx, essa dupla determinação resumia a dualidade do homem: a contraposição entre a existência privada e natural e a existência social. Valor de uso e valor de troca, atributos da mercadoria, reproduzem a tensão entre a vida natural e a vida social e aparecem como uma existência contraditória necessária ao movimento do sujeito.

Finalmente, a adoção do plano da mercadoria como único adequado à exposição do valor fazia parte de uma deliberada estratégia de evitar as questões atinentes à temática do capital e da taxa de lucro. Como conciliar a determinação do valor pelo tempo de trabalho com a tendência à uniformização da taxa de lucro? Esse fora um dos principais problemas de Ricardo. Marx entendia ser impossível integrar a lei de equivalência dos valores-capitais com a lei de equivalência mercantil sem descaracterizar uma ou outra ou sem admitir que a lei do valor deve transformar-se. A transformação, no entanto, dizia respeito a determinações típicas do regime do capital (formação da taxa média de lucro), nunca redutíveis à simples dimensão mercantil do intercâmbio.

As determinações estritamente mercantis não são sequer suficientes para o estabelecimento das relações efetivas de troca entre as mercadorias. Há inúmeras mediações, sistemáticas ou circunstanciais, passíveis ou não de representação teórica, a serem observadas. Elas são propositadamente deixadas de lado no momento em que a lei do valor é enunciada. A forma preço (expressão do valor da mercadoria em unidades monetárias), que se diferencia de valor, abre espaço para o reconhecimento e a acomodação das divergências sistemáticas e ocasionais entre os valores e as relações reais de intercâmbio. O valor nada mais é do que uma relação abstrata entre as mercadorias.

Assim sendo, o objetivo da exposição sobre o valor não pode ser imediatamente constituído pela análise das relações efetivas de troca. O valor conforme o tempo de trabalho é um princípio teórico de sociabilidade que diz respeito ao caráter mercantil das relações humanas. O propósito primário de Marx era o de chegar à substantivação do valor (ao dinheiro) e ao capital, partindo da "forma elementar de riqueza". Todo o seu percurso seria feito valendo-se da oposição dos elementos já contidos na determinação da mercadoria, em suas sucessivas transformações. Tratava-se de um movimento da mercadoria (do valor) ou, melhor dito, do trabalho humano por detrás dela existente.

Se o valor é uma existência social do trabalho, por que não partir diretamente do trabalho e suas determinações contrapostas (trabalho útil, trabalho concreto), rumo ao conceito de mais-valia (sobretrabalho) e de capital? A resposta a essa pergunta é de crucial importância para a teoria do valor.

De acordo com Marx, nas sociedades em que a produção é ordenada pela troca (pelo valor), a sociabilidade humana só se estabelece através do intercâmbio de mercadorias. O valor configura uma existência social *necessária* do trabalho, e é por essa razão que a mercadoria ascende ao primeiro plano.

O fetichismo da mercadoria, examinado no item de mesmo nome mas subjacente a toda a estrutura do primeiro capítulo, trata dessa matéria. Marx criticava a economia política por não ter-se perguntado "(...) por que o trabalho se representa pelo valor e a medida do trabalho por meio de sua duração, pela grandeza do valor do produto de trabalho" (K, 76). Por que, enfim, o trabalho assume a forma de valor? Sua resposta era: porque produtos de trabalhos privados independentes não podem relacionar-se senão enquanto mercadorias. Não há intercâmbio direto de trabalho. O produto do trabalho deve adquirir a materialidade social do valor[4].

A economia política não conseguiu perceber essa determinação e em decorrência naturalizou o valor e as relações sociais de produção. Em outras palavras, a economia política não entendeu o que havia de específico na forma mercadoria[5]. Seus dilemas ao defrontar-se com o dinheiro, uma mercadoria que parece estranha às demais, assim como os mistérios do capital e do dinheiro, cujo valor parece emanar de sua naturalidade, nada mais eram do que decorrências do caráter do trabalho e do produto do trabalho nas sociedades mercantis: trabalhos privados independentes e mercadoria. O caráter misterioso que o produto do trabalho apresenta quando na forma de mercadoria, concluía Marx, procede da própria forma:

> "A igualdade dos trabalhos humanos assume a forma material de igual objetividade de valor dos produtos de trabalho, a medida do dispêndio de força de trabalho do homem, por meio da sua duração, assume a forma da grandeza de valor dos produtos de trabalho, finalmente, as relações entre os produtores, em que aquelas carac-

---

[4] O papel dominante do fetichismo da mercadoria na teoria do valor de Marx recebeu um tratamento clássico em Rubin, I. *A teoria marxista do valor*. São Paulo: Pólis, 1987.

[5] "A forma valor do produto do trabalho é a forma mais abstrata, contudo também a forma mais geral do modo burguês de produção, que por meio disso se caracteriza como uma espécie particular de produção social e, com isso, ao mesmo tempo historicamente. Se, no entanto, for vista de maneira errônea como a forma natural eterna de produção social, deixa-se também necessariamente de ver o específico da forma valor, portanto, da forma mercadoria, de modo mais desenvolvido da forma dinheiro, da forma capital etc." (K, 76).

terísticas sociais de seus trabalhos são ativadas, assumem a forma de uma relação social entre os produtos de trabalho" (K, 71).

2.3 Trabalho e valor

N'*O Capital*, a dialética do trabalho é mediada pelo valor, vale dizer, pelo fato de o produto do trabalho ser mercadoria. O trabalho que cria valor — trabalho abstrato — possui as mesmas determinações históricas da mercadoria e é, ele próprio, uma realização do mundo burguês. A generalidade do trabalho abstrato, a indiferença em relação às diversas modalidades concretas de trabalho, são também um produto da industrialização que, desse modo, proporciona ao capital um trabalho que interessa exclusivamente como tempo.

Contudo, a ambiência histórica do trabalho tende a desaparecer no momento em que o trabalho é estabelecido como substância do valor, no primeiro capítulo da obra. Ao deduzir o valor a partir da equivalência entre mercadorias, Marx considerou-as apenas como produto de trabalhos privados independentes.

Haveria nessa caracterização do trabalho alguma espécie de retorno à "sociedade rude e primitiva" de Smith, ou a um trabalho anterior à apropriação fundiária e à concentração da riqueza na forma de capital? A igualação entre os trabalhos pressupõe trabalho fora das relações capitalistas? Na verdade, o que estava em questão era a equivalência entre mercadorias, já que (e daí o fetichismo da mercadoria) os produtores não podem relacionar seus trabalhos diretamente. Nesse contexto, produtores independentes são apenas aqueles que põem seus trabalhos em relação recíproca como trabalhos privados independentes, através da troca[6].

A abstração do trabalho diz respeito a sua universalidade, ou a sua condição de trabalho social. Na forma de uma antítese entre valor e valor de troca, translada-se ao plano da mercadoria a

---

[6] "Apenas produtos de trabalhos privados autônomos e independentes entre si confrontam-se como mercadorias" (K, 50).

contraposição entre o particular e o universal, entre indivíduo e gênero, própria do trabalho.

Para Marx, o valor de uso sempre se reporta ao homem enquanto indivíduo, e ao trabalho como condição natural de vida do homem[7]. Já o valor se reporta ao caráter social da produção e, por causa disso, sendo mercantis as sociedades, ele se relaciona à intercambiabilidade das mercadorias[8]. A abstração é a possibilidade de equiparação social dos trabalhos em sociedades nas quais a socialização (a universalidade) se processa pela troca[9].

O vínculo da abstração à generalidade, e do valor ao trabalho abstrato, remete à positividade do trabalho no sistema de Marx. A noção de trabalho abstrato é de certa complexidade e tem suscitado polêmicas[10], especialmente pelo fato de aparecer no primeiro capítulo de *O Capital* através de uma negação — trabalho desprovido das diferentes características concretas.

Marx parece ter chegado ao trabalho abstrato por exclusão. Descartadas as diversas características físicas do trabalho, sobraria sua existência como substância espectral comum[11]. O valor — a identidade — e o trabalho abstrato seriam encontrados por uma dedução meramente negativa, por exclusão das diferenças.

No entanto, no primeiro capítulo a mercadoria está "falando sua linguagem". O elemento condutor da exposição não é o valor, nem tampouco o trabalho, mas a mercadoria, e a linguagem da mercadoria — o intercâmbio — implica que se neguem as diferentes formas materiais. O elemento positivo suposto no trabalho abstrato só pode manifestar-se pela negação da naturalidade

---

[7] "(...) condição de existência do homem, independente de todas as formas de sociedade, eterna necessidade natural de mediação do metabolismo entre homem e natureza e, portanto, da vida humana" (K, 50).

[8] "O valor é sua (das mercadorias) relação social, sua qualidade econômica" (G, 66).

[9] "Sobre a base dos valores de troca o trabalho é posto como trabalho geral só mediante a troca" (G, 100).

[10] Veja-se a respeito Fausto, R. *Marx — lógica & política*, t. I. São Paulo: Brasiliense, 1983.

[11] "Abstraindo-se da determinação da atividade produtiva e, portanto, do caráter útil do trabalho, resta apenas que ele é um dispêndio de força humana de trabalho" (K, 51).

dos produtos. Ao ser mediada pela forma valor do produto do trabalho, a universalidade exige a negação da particularidade do trabalho. No necessário confronto entre mercadorias diversas, a reafirmação do caráter positivo (universal) do trabalho só pode transparecer por meio de sucessivas exclusões.

Um dos temas mais complexos do primeiro capítulo de *O Capital* é a determinação social do valor, e a relação entre o indivíduo e a norma. O valor tem por substância o "trabalho socialmente necessário", ou trabalho despendido em condições médias. As relações de troca não são determinadas por condições especiais; por exemplo, pelo trabalho do produtor mais destro, ou por aquele do mais preguiçoso. O tempo médio, por sua vez, é estabelecido por concorrência entre os produtores.

A complexidade advém do caráter restrito que a noção de "trabalho socialmente necessário", entendido enquanto trabalho despendido em condições médias, pode assumir no contexto de uma "sociedade de produtores independentes", pois a concorrência, a formação de tempo médio e a imposição da norma social são processos que dizem respeito ao mundo do capital. A homogeneização dos trabalhos e sua redução apenas ao tempo são produtos da indústria moderna; a concorrência e as condições técnicas de produção só adquirem pleno sentido quando referidas às condições específicas do capital. A ruptura da norma e imposição de novos padrões produtivos é algo que só pode ser entendido no contexto da diferenciação intercapitalista e da formação da taxa de lucro.

Apesar dessas restrições, a determinação do valor pelo trabalho socialmente necessário não oblitera o fundamento da relação entre o indivíduo e o todo. A noção de valor impõe a necessidade de o trabalho individual ser considerado uma simples fração da massa social de trabalho, e o plano mercantil é suficiente para nos transmitir esta visão de uma sociedade que, fragmentada pela divisão social do trabalho, reconstitui o caráter social da vida por meio do intercâmbio.

O simples enunciado da lei do valor desconsidera também as ocorrências disruptivas inerentes à ordem mercantil, embora a possibilidade de que a mercadoria não tenha o tempo de trabalho nela despendido (seu valor individual) chancelado socialmente seja trivial na circulação mercantil. A produção de mercadorias caracteriza-se pela ausência de coordenação prévia entre os produtores, e o desdobramento entre os atos de compra e de venda facultado pela autonomia do valor do dinheiro faz da venda um ato permanentemente crucial. A troca conforme as quantidades relativas de trabalho pode não se dar, mesmo no restrito plano mercantil. A determinação do valor pelo tempo de trabalho socialmente necessário tem de ser entendida apenas como regra mercantil de equilíbrio, ou como tendência que pode não se realizar a todo momento.

A existência do preço como categoria distinta de valor acomoda todas as divergências entre norma mercantil e relações reais de troca. Diversas determinações adicionais, inerentes à ordem mercantil ou à ordem capitalista, sistemáticas ou fortuitas, devem ser levadas em conta na passagem do valor enquanto abstração às reais relações de troca. O tema foi desenvolvido no capítulo que aborda os preços de produção (Livro III), mas é importante que, já na análise do valor relativo das mercadorias, a lei do valor seja entendida antes de tudo como uma lei de equilíbrio mercantil.

A lei do valor é também uma lei de valorização e de disrupção, no que se refere às relações entre o trabalho assalariado e o capital, bem como no que se refere à concorrência intercapitalista. De qualquer modo, ela sempre expressa *prima facie* um equilíbrio teórico entre produtores independentes, baseado nos tempos de trabalho.

2.4 Troca e circulação

Na medida em que se trocam, as mercadorias têm nos indivíduos os seus proprietários. No mercado, todos são livre-contratantes e iguais enquanto proprietários privados. O reino das mercadorias é o reino da igualdade, e os homens, em geral, são seres economicamente iguais porque todas as relações econômicas têm-nos como possuidores de mercadorias[12].

A condição de proprietário privado é o que caracteriza o ho-

---

[12] "Não conhecemos, até agora, nenhuma outra relação econômica dos homens, além da de possuidores de mercadorias, uma relação em que eles somente se apropriam do produto do trabalho alheio, alienando o próprio" (K, 97).

mem na moderna sociedade econômica, e essa condição é inerente ao mundo das mercadorias. Para Marx, daí decorreria o apego da economia política à igualdade humana, mesmo sendo evidentemente desigual a posição socioeconômica dos indivíduos. Trata-se de uma mistificação posta pela sociabilidade mercantil e, nessa medida, real.

A circulação — "movimento plenamente desenvolvido e recíproco dos valores de troca" (G, 194) — é uma imensa teia de relações entre proprietários privados. Nela, as mercadorias emanam de todos os pontos, trocando-se pelo equivalente geral, e o conteúdo econômico da relação social resume-se exclusivamente ao que diz respeito à troca: igualdade, desconhecimento do processo produtivo que deu origem ao produto, desconhecimento de qualquer outra determinação econômica que não aquela em que os indivíduos aparecem como proprietários. Em suma, a circulação é o ambiente da mercadoria enquanto tal. Apenas seus predicados contam e os indivíduos aparecem exclusivamente como proprietários. O processo de troca é um processo das mercadorias[13].

Ora, na medida em que a sociedade moderna é uma sociedade mercantil — uma sociedade na qual todos crescentemente vivem da troca, conforme assinalou Adam Smith — o desenvolvimento das relações capitalistas jamais poderá toldar aquilo que é inerente à circulação (igualdade, propriedade, livre-contratação etc.). Pelo contrário, a conversão da força de trabalho em mercadoria levará a quase totalidade dos atos econômicos à condição de intercâmbio mercantil. Ao multiplicar a produção de objetos como mercadorias, o capital expande a esfera da circulação, potenciando a igualdade a ela inerente.

O capital contém determinações econômicas adicionais e valoriza-se numa circulação distinta da mercantil, conforme veremos. Contudo, ele não elimina nenhuma das determinações econômicas da mercadoria, ou nenhum dos predicados de sua forma de

---

[13] "O relacionamento efetivo das mercadorias entre si é seu processo de troca. É neste processo social que entram os indivíduos independentes entre si, mas eles atuam aí apenas como possuidores de mercadorias; o modo multilateral de ser de um para o outro é o modo de ser de suas mercadorias, e assim eles aparecem de fato somente como portadores conscientes do processo de troca" (PCEP, 152).

circulação; antes pelo contrário, o capital expande a circulação mercantil e subentende os atributos da forma mercadoria como seus. Daí a permanência da lei do valor, que se verá transformada, mas não extinta, na determinação do valor enquanto capital.

A circulação de mercadorias pressupõe o valor já determinado e a existência de um equivalente geral. A mercadoria nunca pode, em mãos do possuidor, ser ela própria um universal para as demais. Todas se consideram equivalente geral, afirma Marx, o que não deixa de ser uma contradição nos termos. Apesar de, no mercado e para seus respectivos proprietários, as mercadorias serem apenas valores, não são equivalentes gerais, ou seja, valores para todas as mercadorias, em todas as circunstâncias. A troca só se efetua se houver a mediação de um equivalente geral, pois os proprietários "(...) somente podem referir suas mercadorias umas às outras, como valores, e por isso apenas como mercadorias ao referi-las, antiteticamente, a outra mercadoria como equivalente geral" (K, 80). A construção do equivalente geral, "ação social de todas as outras mercadorias" (K, 81) é um requisito da circulação mercantil.

Mais adiante retornaremos à questão da determinação social de uma das mercadorias como equivalente geral. No momento, o importante é ressaltar que, na primeira apresentação do valor, no início do capítulo "A Mercadoria", o produto já aparece determinado enquanto mercadoria. Marx recua do valor de troca à sua substância, equiparando duas mercadorias (x merc A = y merc B), ou diversas (x merc A = y merc B = z merc C ...), e encontra trabalho por trás da igualação. Não há ainda um equivalente propriamente geral, uma vez que o dinheiro não está pressuposto, mas as relações de troca estabelecidas entre duas mercadorias não são fortuitas e, desse modo, uma delas aparece como equivalente. Trata-se de um equivalente apenas especial que, apesar disso, naquele ato particular de intercâmbio cumpre funções de dinheiro de troca; vale dizer, seu valor está socialmente determinado[14]. Em resumo,

---

[14] "O valor de troca da mercadoria como existência particular

as mercadorias só se intercambiam enquanto mercadorias porque no ato de troca seu valor já está socialmente determinado. Se não é adequado falar ainda em equivalente geral, não há como negar que o simples confronto de duas mercadorias coloca uma delas como valor de troca, ou dinheiro em potência.

O ambiente do primeiro capítulo, se ainda não é plenamente o da circulação mercantil, é o do valor socialmente determinado. A constituição histórica dos produtos enquanto mercadorias é tratada em outro contexto, o do *intercâmbio imediato de produtos* (segundo capítulo). Marx distingue a forma simples de valor (*x* merc A = *y* merc B) do intercâmbio imediato de produtos, porque neste é o ato da troca que converte os produtos em valor e, em decorrência, em mercadoria.

A troca, no caso, seria um ato fortuito, esporádico, eventual. Historicamente, a situação corresponde à de troca de excedente, troca de excesso de produção sobre a subsistência efetuada por comunidades naturais, sem haver o valor ainda se convertido em demiurgo do ato de produzir e da própria organização social da produção.

Quando a intenção da troca preside a produção, consuma-se a separação entre o valor de uso e o valor de troca do produto "(...) torna-se a relação quantitativa, em que se trocam, dependente de sua própria produção. O costume fixa-as como grandezas de valor" (K, 82). O valor da mercadoria expande-se, "(...) até se converter em materialização do trabalho humano em geral" (K, 82). Então teremos circulação de mercadorias e valor objetivado (dinheiro) determinando a produção. O valor conforme o tempo de trabalho ver-se-á convertido em norma social.

A diferença entre o intercâmbio imediato de produtos e a circulação de mercadorias é exatamente esta: na segunda, o valor conforme o tempo de trabalho já é norma social; e é indissociável do processo de conformação da norma social a constituição do equivalente geral. A distinção esclarece algumas das característi-

---

junto à própria mercadoria, é o dinheiro; a forma na qual todas as mercadorias se igualam, comparam e medem; a forma à qual todas as mercadorias se reduzem e que, por sua vez, reduz-se a todas as mercadorias; é o equivalente geral" (G, 67).

cas da exposição do valor, n'*O Capital*. Em primeiro lugar, o valor conforme o tempo de trabalho aparece de modo nítido como norma social lógica e historicamente constituída. Constituir o produto do trabalho como mercadoria é constituir o valor (trabalho objetivado no produto) como regra de sociabilidade. Por outro lado, tornam-se evidentes o significado e os requisitos da circulação mercantil, em especial a pré-constituição do equivalente geral. Finalmente, fica claro que se o produto do trabalho aparece como mercadoria, houve determinação social do valor e uma das mercadorias representará a função de valor de troca, ou de universal.

2.5 Valor de troca e dinheiro

Para chegar ao valor e à substância do valor (o trabalho), Marx partiu do valor de troca, ou da relação de troca das mercadorias. Na terceira seção do primeiro capítulo (A Forma do Valor ou Valor de Troca") a trajetória é oposta; passamos do valor ao valor de troca.

Nessa seção, Marx realiza um desenvolvimento dialético da forma mercadoria do produto do trabalho, inteiramente calcado na contraposição valor/valor de uso. Os dois termos constitutivos e antitéticos da mercadoria são desdobrados até o ponto em que, sem fugir ao universo das mercadorias, chega-se ao dinheiro (equivalente geral), uma forma adequada à introdução da noção de capital.

Além disso, já na terceira seção é apresentada a gênese do dinheiro, ponto culminante da temática do valor e matéria de confronto entre Marx e os economistas. A opinião de Marx, vale antecipar, é a de que grande parte dos desacertos nas análises do dinheiro provém de um inadequado entendimento da mercadoria.

A razão da passagem necessária pelo valor de troca, ou do trânsito do valor ao valor de troca, é bastante simples: sendo a materialidade do trabalho como valor puramente social, ela "(...) pode aparecer apenas numa relação social de mercadoria para mercadoria" (K, 54). O caráter social do trabalho tem de ser mediado por um atributo objetivado na mercadoria — o valor — que diz respeito à intercambiabilidade. No confronto de uma mercadoria com outra está presente, em semente, a temática do fetichismo da mercadoria.

Quanto ao dinheiro, o objetivo da exposição era explícito. Antes de se lançar à análise da forma simples de valor, Marx afirmava ser necessário "(...) realizar o que não foi jamais tentado pela economia burguesa, isto é, comprovar a gênese dessa forma dinheiro, ou seja, acompanhar o desenvolvimento da expressão do valor contida na relação de valor das mercadorias, de sua forma mais simples e sem brilho até a ofuscante forma dinheiro" (K, 54).

Essa tarefa exigiria uma complementação e crítica da concepção de dinheiro da economia política. Complementação, na medida em que o entendimento de que o dinheiro faz parte do mundo das mercadorias era um ponto de partida tomado da economia política. Crítica, por não terem os economistas entendido que grande parte dos dilemas surgidos na investigação do dinheiro e dos problemas monetários advém da própria forma mercadoria. O propósito da exposição era então, por um lado, o de derivar o dinheiro (equivalente geral) da simples relação de valor entre duas mercadorias, e, pelo outro, o de mostrar como no pólo equivalencial da relação de valor entre duas mercadorias residem já características inerentes à forma dinheiro[15].

Desse modo, principiar pela mercadoria para esclarecer os mistérios da forma dinheiro implica uma retomada do valor de troca. O ponto de partida é o confronto entre duas mercadorias, no que é denominado forma simples, concreta ou acidental do valor. Marx desejou mostrar aí que as funções distintas exercidas pelas duas mercadorias no confronto direto desenvolvem a antítese entre valor de uso e valor. Uma das mercadorias expressa seu valor na oposta, aparecendo como forma relativa de valor; a

---

[15] No primeiro capítulo de *O Capital*, Marx discute a gênese do dinheiro. No terceiro capítulo ("O Dinheiro, ou A Circulação de Mercadorias"), desenvolve abordagens mais específicas da circulação mercantil e do desenvolvimento da forma equivalente. O presente capítulo atém-se estritamente à gênese do equivalente geral, ou à forma do valor. A natureza contraditória da existência do dinheiro na circulação mercantil e as funções do dinheiro serão temas do capítulo VII ("O Capital a Juros").

outra oferece seu valor de uso como matéria para expressão do valor da primeira, assumindo forma equivalencial. O valor da primeira mercadoria expressa-se no valor de uso da segunda.

A forma equivalente, em que a mercadoria anula a possibilidade de expressar seu valor em outra, ao servir como expressão de valor da outra, significa "a forma de sua permutabilidade direta com outra mercadoria" (K, 59). Na forma equivalente, "o valor de uso torna-se forma de manifestação de seu contrário, o valor" (K, 59). É como se o objeto, por suas propriedades naturais, expressasse valor, daí advindo o caráter "(...) enigmático da forma equivalente, que de início fere o olhar burguês rústico de economista político, tão logo esta se apresenta a ele, já pronta, sob a forma de dinheiro" (K, 60). Em suma, no pólo equivalencial da forma simples do valor, temos já a precipitação do "caráter misterioso" do dinheiro, advinda do fato de, ao representar valor, a materialidade do objeto fazer com que o valor pareça emanar diretamente dela.

O equivalente na forma simples não é o dinheiro (equivalente geral), mas aí está o embrião do dinheiro, antevisto na simples relação entre duas mercadorias. A existência do dinheiro, por outro lado, não pode ser deduzida operacionalmente, pela simples necessidade de facilitar a troca. O dinheiro é considerado uma existência necessária da mercadoria, enquanto equivalente geral, devido a sua existência antitética como valor de uso para o não-possuidor e não-valor de uso para o possuidor[16].

A forma equivalencial possui também a característica de transformar determinado trabalho concreto em manifestação do trabalho abstrato, ou de fazer com que o trabalho privado assuma a forma de trabalho diretamente social. É a correspondência, no plano do trabalho, da antítese valor de uso/valor, que — e isto é

---

[16] "A mercadoria excluída como equivalente geral é agora objeto de uma necessidade geral que nasce do próprio processo de troca, e tem para qualquer um o mesmo valor de uso que é ser portador de valor de troca, ou seja, meio de troca geral. Assim nesta única mercadoria se resolve a contradição que reside nas mercadorias como tais, e que consiste em ser, ao mesmo tempo, valor de uso particular e equivalente geral, e por isso valor de uso para qualquer um, valor de uso geral" (PCEP, 157).

o fundamental — na contraposição entre duas mercadorias incorpora-se em mercadorias distintas. Marx afirma que "(...) a antítese interna entre valor de uso e valor, oculta na mercadoria, é, portanto, representada por meio de uma antítese externa, isto é, por meio da relação de duas mercadorias, na qual uma delas, cujo valor deve ser expresso, funciona diretamente apenas como valor de uso: a outra, ao contrário, na qual o valor é expresso, vale diretamente apenas como valor de troca" (K, 63).

A expulsão da antítese valor de uso/valor (e trabalho útil/ trabalho abstrato) para mercadorias que ocupam papel distinto na relação de valor significa um primeiro passo na transformação do equivalente em objetivação geral do valor, ou o início da trajetória do valor em direção à autonomia, a partir da forma mercadoria.

As demais formas do valor (forma total, forma geral, forma dinheiro) desenvolvem as determinações contidas nos pólos relativo e equivalente desde a forma simples. O desenvolvimento da forma relativa leva a que a igualdade abranja a totalidade das mercadorias, fazendo com que o valor apareça de modo indisfarçável como trabalho humano indistinto. O desenvolvimento da forma equivalente faz com que o papel de equivalente seja exercido por uma das mercadorias, em caráter geral. A forma natural de uma das mercadorias adquire intercambiabilidade direta e automática com qualquer outra, sendo considerada a encarnação visível de todo o trabalho humano na sociedade. Temos aqui finalmente o dinheiro: "(...) o gênero específico de mercadoria, com cuja forma natural a forma equivalente se funde socialmente, torna-se mercadoria dinheiro ou funciona como dinheiro. Torna-se sua função especificamente social e, portanto, seu monopólio social, desempenhar o papel de equivalente geral dentro do mundo das mercadorias" (K, 69).

Consuma-se assim a separação entre valor e valor de uso, entre trabalho social e trabalho particular, já que, ao ficar cristalizado em uma das mercadorias o caráter de dinheiro, apenas ela possuirá permutabilidade direta com todas as demais, apresentando forma imediatamente social. O dinheiro será a encarnação do valor: todas as mercadorias só poderão referir seu valor a ele. As mercadorias, à exceção de uma, ficam privadas de assumir a forma equivalencial. Os diversos trabalhos só poderão estabelecer sua equiparação mediante o trabalho contido no equivalente-geral, vale dizer, mediante o intercâmbio por dinheiro.

Este processo de objetivação do valor em uma das mercadorias é social, conforme Marx. É obra do próprio mundo das mercadorias, e corresponde ao desenvolvimento da forma mercadoria do produto do trabalho[17]. Não basta admitir, junto com os economistas, que o dinheiro também seja mercadoria. O dinheiro deve ser derivado da forma simples de valor da mercadoria: duas mercadorias em confronto. Ao ser desdobrado como valor, a partir da antítese valor de uso/valor contida na mercadoria, o dinheiro aparecerá como substantivação do valor de troca; enfim, como desenvolvimento da relação social básica contida na mercadoria.

Ao derivar o dinheiro da forma mercadoria do produto do trabalho, Marx reconciliou duas concepções em constante combinação e conflito na economia política, quais sejam a de que riqueza é dinheiro (tesouro metálico), e a de que as mercadorias formam a riqueza da nação.

Petty já havia sintetizado o problema ao considerar o dinheiro riqueza permanente e as mercadorias riqueza "aqui e agora". Marx, porém, foi mais adiante. Aceitou a concepção (consagrada pelos economistas) de que as mercadorias formam o núcleo da riqueza burguesa, mas também considerou a dimensão de valor da riqueza, fazendo seu sistema abranger, tornar necessárias e derivar uma da outra as duas existências básicas da riqueza: mercadorias e dinheiro.

Se a riqueza burguesa subentende intercambiabilidade, a mercadoria é a forma de intercambiabilidade do produto do trabalho e o dinheiro a intercambiabilidade por excelência. Ambos são valor, por serem produto do trabalho humano; só que o dinheiro é valor objetivado e por essa razão riqueza permanente, como já percebera Petty.

---

[17] "A forma mercadoria simples é (...) o germe da forma dinheiro" (K, 70).

A exposição da forma do valor, ou valor de troca, cumpre o papel de situar o dinheiro enquanto riqueza objetivada. A questão fundamental para Marx, todavia, é outra: a objetivação da riqueza é um devir necessário da mercadoria. O valor deve objetivar-se no dinheiro, convertendo-se em valor universal ou em intercambiabilidade imediata. O dinheiro é uma objetivação *necessária* do valor de troca.

É interessante destacar que a temática do afastamento da riqueza, da objetivação do valor, da impessoalidade da riqueza monetária, já se fizera presente nos textos do jovem Marx, embora no contexto de uma contraposição entre trabalho e produto do trabalho. O valor aderia ao produto do trabalho e o trabalho, por ser alienado, perdia valor. O dinheiro era a expressão máxima dessa riqueza impessoal e contraposta ao trabalho, personificando o capital.

N'*O Capital* o quadro é outro. A noção de capital foi revolucionada e, em decorrência, a mercadoria é o ponto de partida. O valor é considerado um atributo da mercadoria, e o trabalho (força de trabalho) uma mercadoria entre outras. Persiste a objetivação necessária do valor no dinheiro que, no entanto, ainda não é capital, ou comando sobre trabalho alheio. A objetivação do valor no dinheiro decorre apenas da impossibilidade de intercambiar diretamente os produtos do trabalho, ou de socializar imediatamente os trabalhos, sem recorrer a algo que represente a indiferenciação do trabalho e a universalidade do valor.

Nos *Grundrisse*, a necessidade da objetivação já estava bem fundamentada:

> "O tempo de trabalho determinado é objetivado em uma mercadoria determinada e particular dotada de qualidades particulares e com particulares relações com as necessidades. Mas, como valor de troca o tempo de trabalho deve ser objetivado em uma mercadoria que expresse somente seu caráter de quota ou sua quantidade, que seja indiferente a suas qualidades naturais, e que possa por isto ser metamorfoseada em — ou trocada por — qualquer outra mercadoria que seja

objetivação de um mesmo tempo de trabalho. Como objeto ele deve possuir este caráter universal que contradiz sua particularidade natural. Esta contradição pode ser resolvida apenas objetivando a própria contradição: quer dizer, se a mercadoria for posta de maneira dupla, uma vez em sua imediata forma natural, e logo em sua forma mediata, ou seja, como dinheiro" (G, 96-7).

Nessa formulação, o dinheiro ou mercadoria universal aparece como objetivação de valor necessária porque emana da contradição existente na contraposição dos produtos como valores de troca, inerente à mercadoria. A objetivação é a única forma de desenvolver-se a contradição.

O mesmo vale para o trabalho, que para ser posto como universal "deveria ser desde o princípio não um trabalho particular, mas um trabalho geral, isto é, ser posto desde o começo como um elemento da produção geral" (G, 99). Isso é impossível quando a produção de mercadorias domina a vida social. Nesse caso, "(...) o caráter social da produção é posto somente através da elevação dos produtos a valores de troca (...)" (G, 100). Em suma, "O trabalho sobre a base dos valores de troca, supõe precisamente que nem o trabalho do indivíduo nem seu produto sejam imediatamente universais, e que este último obtenha sua forma universal só através de uma mediação objetiva, através de um dinheiro distinto dele" (G, 101).

É precisamente enquanto valor objetivado que a mercadoria atinge sua universalidade. A objetivação do valor confere ao dinheiro até mesmo a possibilidade de tornar-se autônomo em relação à circulação mercantil. Só que aí estaremos transitando para o capital, forma autônoma de existência — e outra determinação — do valor.

3
Valor, mais-valia e capital

3.1 Circulação, dinheiro, capital

Para chegar ao capital, Marx parte "do valor de troca desenvolvido já no momento da circulação" (G, 198), ou seja, da forma como o valor de troca se apresenta, desenvolvido, na circulação de mercadorias: dinheiro.

O ponto de partida, portanto, é a circulação de mercadorias[1]; mais especificamente, o dinheiro, pois:

> "Cada novo capital pisa em primeira instância o palco, isto é, o mercado, mercado de mercadorias, mercado de trabalho ou mercado de dinheiro, sempre ainda como dinheiro, dinheiro que deve transformar-se em capital por meio de determinados processos" (K, 125).

Por "sempre pisar o palco como dinheiro", bastam apenas as diferentes formas de circulação para distingui-lo enquanto capital e enquanto dinheiro, em si. A reconstituição da formação histórica do capital, nas diversas situações, torna-se do mesmo modo desnecessária, pois o fato de sempre "pisar o palco como

---

[1] "A circulação de mercadorias é o ponto de partida do capital" (K, 125).

dinheiro" é suficiente para situá-lo, independentemente de sua origem.

Na medida em que somente a noção de reprodução, a ser formulada mais adiante, estabelecerá a natureza processual e reiterativa da relação capitalista, a concepção de que o dinheiro (em sua circulação) é suficiente para situar o capital adquire grande importância. Na análise da circulação, em que, ao contrário da reprodução, cada ciclo é visto isoladamente, o capital será definido apenas por um objetivo imanente: é valor que visa a expansão. O dinheiro — forma abstrata e genérica de valor — passa a definir-se como capital mediante sua inserção num ciclo expansivo.

Retomaremos em seguida o significado histórico do capital e sua apresentação na forma específica de circulação, mas preliminarmente convém abrir um parênteses para nos referirmos ao dinheiro, tal como se situa no processo de circulação, já que o capital emerge apenas pelo desenvolvimento das contradições da forma dinheiro. Embora esse desenvolvimento apareça de modo resumido n'*O Capital*, está particularmente detalhado nos *Grundrisse*, em passagens que complementam o entendimento do processo de auto-exposição do capital a partir da mercadoria[2].

Em *O Capital*, Marx já deixa bem claro que, do ponto de vista da autonomização do valor, existem contradições na forma dinheiro, presentes em suas funções de medida de valores e, especialmente, de meio de circulação. Na análise da determinação completa e desenvolvida do dinheiro ("dinheiro" mesmo), concluiu que nas funções por ele exercidas — entesouramento, meio de pagamento e dinheiro mundial — há uma tendência à autonomização progressiva do valor de troca, ainda que não isenta de contradições.

---

[2] O assim denominado "Capítulo do Capital" dos *Grundrisse* é decisivo para a primeira apresentação do capital, já que nele o capital aparece como a resolução das contradições inerentes à forma dinheiro e, portanto, como o ponto final na trajetória mercadoria-dinheiro-capital. Embora o capítulo IV do primeiro volume de *O Capital* ("A Conversão do Dinheiro em Capital") em nada desminta esse desenvolvimento, sua apresentação é excessivamente compacta e pouco esclarecedora das relações entre as duas formas de circulação, e da necessidade de partir da circulação para se chegar ao capital.

Como tesouro — valor concentrado — o dinheiro sacrifica sua função de meio de compra de objetos de desfrute. Deixa de ser mero meio de circulação, função na qual seu papel não é senão mediar o consumo de valores de uso diversos. Ocorre um afastamento entre forma material e forma social, e a função de meio de entesouramento satisfaz a "necessidade e a paixão de fixar o produto da primeira metamorfose" (K, 111)[3].

Essa autonomização se faz ainda mais presente na função de meio de pagamento, porque nela "O dinheiro já não medeia o processo de circulação. Ele o fecha de modo autônomo, como existência absoluta do valor de troca ou mercadoria geral" (K, 115). A conclusão é de que: "O vendedor converte sua mercadoria em dinheiro para satisfazer a uma necessidade por meio do dinheiro, o entesourador, para preservar a mercadoria em forma de dinheiro, o comprador que ficou devendo, para poder pagar" (K, 115).

Em suma, o próprio desenvolvimento da forma dinheiro abre uma distância entre meio de circulação e dinheiro. Enquanto meio de circulação, o equivalente intermedeia a obtenção de valores de uso (e seu desfrute). Enquanto dinheiro (plenamente dinheiro), o equivalente geral procura autonomizar-se e converter-se em fim do processo. Existe aí uma contradição, cujo desenvolvimento nos levará ao capital. A questão está bem exposta nos *Grundrisse:*

> "Para alcançar o conceito de capital é necessário partir (...) do valor de troca já desenvolvido no momento da circulação (...). Vimos que no dinheiro enquanto tal, o valor de troca já adotou uma forma autônoma em relação à circulação, mas uma forma que, quando melhor vista, é só negativa, fugaz ou ilusória. O dinheiro só existe em relação à circulação e como possibilidade de introduzir-se nela, mas perde esta determinação tão logo se realiza; retorna então a suas duas deter-

---

[3] "Vendem-se mercadorias não para comprar mercadorias, mas para substituir a forma mercadoria pela forma dinheiro. De simples intermediação do metabolismo, essa mudança de forma torna-se fim em si mesmo" (K, 111).

minações anteriores como valor de troca e como meio de troca" (G, 198, 199).

A autonomia não é lograda, já que o objetivo da circulação, ou a finalidade dela, são os valores de uso. A autonomia é "fugaz", pois o dinheiro tem de se introduzir na circulação e ao fazê-lo "retoma suas determinações anteriores como valor de troca e como meio de troca". Sendo meio de troca, não é autônomo em relação à circulação. O problema é, pois, "tornar-se autônomo em relação à circulação", e, para isso, o dinheiro deve converter-se em capital. O dinheiro que se tornou autônomo, é capital:

> "Tão logo o dinheiro, como valor de troca que não só se torna autônomo em relação à circulação, mas que se mantém nela, deixa de ser dinheiro, pois este enquanto tal não vai além de sua função negativa: torna-se capital" (G, 199).

Desse modo, quando Marx afirma n'*O Capital*, ao início do capítulo IV, que "Dinheiro como dinheiro e dinheiro como capital diferenciam-se primeiro por sua forma diferente de circulação" (K, 125). está procurando situar o capital a partir do desenvolvimento da contradição presente na forma dinheiro (tornar-se autônomo sem poder sê-lo apenas enquanto dinheiro) e, simultaneamente, fazendo surgir o capital do dinheiro, lá onde este se apresenta: na circulação. Só que aí já se trata de uma "forma distinta de circulação", o que encaminha a solução ao problema de "(...) tornar-se autônomo em relação à circulação, mantendo-se nela".

3.2 As duas formas de circulação e a autonomia do valor

O capital é apresentado no capítulo IV como dinheiro em uma forma de circulação distinta de *M-D-M* (circulação de mercadorias), a forma *D-M-D*, circulação do dinheiro enquanto capital, ou, como sintetiza Marx, "comprar para vender". O capital é, de início, dinheiro que gira nessa forma de circulação; ou melhor, o dinheiro que gira nessa forma de circulação "(...) transforma-se em capital, torna-se capital e, de acordo com sua determinação, já é capital" (K, 126).

Por tal razão, a exposição de Marx n'*O Capital* parte da análise da forma de circulação D-M-D e de sua distinção em relação a M-D-M. O objetivo é o de mostrar, por contraste entre as duas formas, que em D-M-D há um permanente retorno do dinheiro, e que nesse ciclo o motivo propulsor e a finalidade é o valor de troca, e não o valor de uso.

Em um ciclo que versa sobre o valor de troca — prossegue Marx — ou sobre algo qualitativamente igual (o dinheiro), deve-se ter em vista seu aspecto quantitativo. O conteúdo do ciclo é dado apenas pela diferença quantitativa entre os valores de troca, razão pela qual a verdadeira fórmula do ciclo é D-M-D', onde D' = D + DD, sendo DD a mais-valia.

Em D-M-D', o valor é o fim último. Daí que o valor de troca — algo qualitativamente indiferenciado — seja o ponto de partida e de chegada do processo, e que a valorização apareça como o objetivo exclusivo. Na circulação de mercadorias, pelo contrário, o valor de troca é um mero mediador do intercâmbio; o valor, ou a generalidade, é suposta, sem se colocar contudo como a finalidade do processo.

Deve-se ressaltar que a mais-valia é apresentada n'*O Capital* primeiramente como uma simples diferença quantitativa, um incremento ou "excedente sobre o valor original" (K, 128), cujos mecanismos de formação são ainda desconhecidos. O capital, ele próprio, define-se apenas em função desse incremento[4], ou pela finalidade do processo — é valor que se valoriza — e o circuito de valorização do capital — D-M-D' — assume a forma genérica de qualquer capital, independentemente do processo de produção de mais-valia.

Se na circulação M-D-M a finalidade é externa (consumo de valores de uso), na circulação do dinheiro enquanto capital ela é interna à mesma. O dinheiro-capital deve ser continuamente lan-

---

[4] "O valor originalmente adiantado não só se mantém na circulação mas altera nela sua grandeza de valor, acrescenta mais-valia ou se valoriza. E esse movimento transforma-o em capital" (K, 128).

çado à circulação, em processo incessante, pois "(...) a valorização do valor só existe dentro deste movimento sempre renovado" (K, 129). O capitalista é somente um "portador consciente deste movimento" (K, 129), isto é, ele é definido pelas funções de dinheiro enquanto capital. Capitalista é quem tem como fim subjetivo "o conteúdo objetivo daquela circulação — a valorização do valor" (K, 129), e não o valor de uso, nem o entesouramento. O papel do capitalista é desfazer-se do dinheiro, lançá-lo à circulação para obter mais valor.

Se essa definição estende ao capitalista o padrão funcional e impessoal dos agentes sociais vigorante na concepção marxiana, também esclarece, no contraste entre capitalista e entesourador, a forma geral do capital. Capital é aquele dinheiro que se lança continuamente à circulação, tendo em vista a valorização. Capitalista é quem lança o dinheiro à circulação para valorizá-lo. Outras formas associadas à fermentação do dinheiro ou à autonomização da riqueza sob forma monetária (capital usurário, capital mercantil) representam formas particulares do capital em geral, mas não o definem. Lançar o dinheiro à circulação para valorizá-lo — D-M-D' — é a forma geral de circulação do capital.

Considerar o capital "valor que se valoriza" pode não ser suficiente para situar todas as suas dimensões enquanto sujeito autônomo. Na discussão sobre mercadoria e valor, já nos havíamos deparado com a exigência de se pensar o capital como sujeito autônomo, pois o mero desenvolvimento das contradições internas da forma mercadoria do produto do trabalho subentende a autonomia de um sujeito que se antepõe à mercadoria, dando coerência ao processo[5].

A questão da autonomia do sujeito adquire melhor especificação no momento em que o capital emerge do dinheiro. Conforme já foi visto, o próprio dinheiro encerra uma contradição: o equi-

---

[5] Trata-se de um análogo metodológico ao espírito absoluto hegeliano; supondo, no entanto, relações sociais postas na história (especificamente: o capitalismo). A este respeito ver Muller, M. "Exposição e método dialético em O Capital". *Boletim SEAF-MG*. Belo Horizonte, 2, 1982.

valente geral aponta para a autonomia do valor e, simultaneamente, deve sempre furtar-se à autonomia, pois serve à circulação de mercadorias apenas como valor de troca. Sendo um atributo da mercadoria, o valor de troca é inerente a uma forma social que subentende a particularidade.

Na circulação do dinheiro enquanto capital, o dinheiro pode enfim afirmar sua autonomia, que diz respeito à finalidade do processo — valorização do valor — mas também ao fato de, no processo, o capital nunca deixar de ser ele próprio, mesmo quando consubstanciado em formas (como a mercadoria, a força de trabalho, o dinheiro) que em outro ciclo podem não ser capital. O capital é sempre ele próprio. Adquire a imortalidade e a intangibilidade a que aspira o dinheiro, valorizando-se. Nos *Grundrisse* esse ponto aparece com bastante nitidez:

> "O caráter imortal a que aspira o dinheiro, ao se pôr negativamente ante a circulação e retirar-se dela, alcança-o o capital, que se conserva precisamente ao entregar-se à circulação. O capital, enquanto valor de troca que pressupõe a circulação ou é pressuposto por ela, e se conserva nela, é em cada momento, idealmente, cada um dos momentos contidos na circulação simples; mas ademais adota alternativamente a forma de um e de outro. Já não o faz, todavia, tal como na circulação simples passando de um a outro, senão que em cada uma das determinações é ao mesmo tempo a relação com a determinação contraposta, isto é, conserva-a idealmente em si própria. O capital se transforma alternativamente em mercadoria e em dinheiro, mas 1) é ele próprio a mutação destas duas determinações; 2) torna-se mercadoria, mas não esta ou aquela mercadoria, senão uma totalidade de mercadorias" (G, 201).

N'*O Capital*, Marx reitera a idéia de automaticidade e soberania em relação às diversas formas e mostra por que apenas o dinheiro pode fornecer ao valor (enquanto capital) uma forma em que "se contraste esta identidade consigo próprio":

> "(...) o valor se torna aqui o sujeito de um processo em que ele, por meio de uma mudança constante das formas de dinheiro e mercadoria, (...) se autovaloriza. Pois o movimento, pelo qual ele adiciona mais-valia, é seu próprio movimento, sua valorização, portanto, autovalorização. Ele recebeu a qualidade oculta de gerar valor porque ele é valor (...).
>
> "Como sujeito usurpador de tal processo, em que ele ora assume, ora se desfaz da forma dinheiro e da forma mercadoria, mas se conserva e se dilata nessa mudança, o valor precisa, antes de tudo, de uma forma autônoma, por meio da qual a sua identidade consigo mesmo é contrastada. E essa forma ele só possui no dinheiro" (K, 130).

Ao não mais representar, como na circulação simples, uma mera relação entre mercadorias, e sim uma relação privada consigo próprio, o dinheiro serve como expressão do capital: valor que se valoriza, sujeito autônomo, sujeito cujo processo é o de sua própria finalidade.

3.3 Circulação, troca de equivalentes, mais-valia

O capital é apresentado simplesmente como dinheiro em uma modalidade de circulação própria, e a mais-valia enquanto um acréscimo aos valores lançados continuamente à circulação. A circulação, por sua vez, trata sempre da troca de equivalentes. Não há como situar o capital fora da circulação (pois nela, enquanto dinheiro, apresenta-se) e, simultaneamente, não há como explicar o acréscimo de valor na circulação, uma vez que esta trata de equivalentes.

Marx resume tais "contradições da fórmula geral" no final da seção 2 do capítulo IV, ao dizer:

"A tranformação do dinheiro em capital deve ser desenvolvida com base nas leis imanentes ao intercâmbio de mercadorias, de modo que a troca de equivalentes sirva de ponto de partida. Nosso possuidor de dinheiro, por enquanto ainda presente apenas como capitalista larvar, tem de comprar as mercadorias por seu valor, vendê-las por seu valor e, mesmo assim, extrair no final do processo mais valor do que lançou nele. Sua metamorfose em borboleta tem de ocorrer na esfera da circulação e não tem de ocorrer na esfera da circulação. São essas as condições do problema. *Hic Rhodus, hic salta!*" (K, 138).

A solução do problema será dada logo adiante, através da mercadoria força-de-trabalho. O mais relevante no momento é assinalar as "condições do problema": circulação, igualdade, troca (e, portanto, equivalência), e ao mesmo tempo "mais valor". Ao propor que a "metamorfose da borboleta" deve operar-se na órbita da circulação, Marx quer dizer que o capital subentende a equivalência e a obediência à regra que expressa a troca nas sociedades mercantis: a do valor conforme o tempo de trabalho. Daí, inclusive, a possibilidade e a *necessidade* de demonstrar a criação do capital desconsiderando a não-equivalência entre preços e valores, vale dizer, deixando de lado todas as circunstâncias externas à determinação geral do capital[6].

O argumento de Marx era o de que remontar da circulação simples (equivalência) à valorização é um problema ainda não resolvido pela economia política. A tentativa de apresentar a circulação de mercadorias como fonte de mais-valia encerra geralmente uma confusão entre valor de uso e valor de troca. Já que a equivalência na troca envolve uma não-equivalência no que se

---

[6] "Se os preços se desviam realmente dos valores então é preciso começar por reduzi-los aos últimos, ou seja, abstrair essa circunstância como sendo casual, para ter pela frente, em sua pureza, o fenômeno da formação de capital com base no intercâmbio de mercadorias e não ser confundido em sua observação por circunstâncias secundárias, perturbadoras e estranhas ao verdadeiro decurso" (K, 138).

refere à materialidade e à utilidade dos objetos intercambiados, presume-se às vezes (Condillac) que a troca de valores de uso desiguais traga lucro para os proprietários, o lucro aparecendo como uma espécie de diferencial de utilidade. Para Marx, as vantagens recíprocas pressupostas na troca jamais podem sobrepor-se ao fato de haver nela equivalência social consubstanciada na igualdade de valores.

Outro equívoco generalizado seria o de se pensar em algo como excedente de valor sobre os custos de produção (ou de aquisição) imposto aos compradores das mercadorias. É uma contradição em termos cogitar-se de um acréscimo geral e indiscriminado aos custos de produção, já que os compradores são também vendedores, em funções opostas sempre presentes no fluxo da circulação.

Enfim, o processo de criação de capital deve conciliar a equivalência e o acréscimo de valor. O capitalismo subentende assimetria nas relações sociais, mas também igualdade, pois é da natureza do processo de valorização criar diferenças quantitativas respeitando a equivalência de valores. O segredo, como se sabe, encontra-se na mercadoria força de trabalho.

3.4 Mais-valia e força de trabalho

Não é necessário nos alongarmos no "segredo" da produção de mais-valia, pois se trata de assunto bastante conhecido. Em termos resumidos, Marx centraliza a explicação na particularidade da mercadoria força de trabalho, cujo valor de uso especial consiste em criar valor. A exemplo de qualquer outra mercadoria, a força de trabalho tem um valor socialmente determinado pelo tempo de trabalho destinado a sua produção; no caso, a produção da cesta de subsistência que mantém a família trabalhadora. A peculiaridade reside em um valor de uso que determina o valor das mercadorias, por ser trabalho em ação. Como o consumo efetivo da mercadoria força de trabalho cria valor, para que haja excedente de valor no produto basta que o valor criado exceda o valor da cesta de subsistência (ou valor da força de trabalho), o que depende da produtividade e/ou da extensão da jornada de trabalho.

Nessa construção, a originalidade de Marx não consistiu no

fato de ter rigorosamente definido o valor da força de trabalho, pois nisso ele apenas adotou a doutrina do salário de subsistência, já tradicional na economia política; vale dizer, como os economistas, levou em consideração a dimensão mercantil do trabalho e os mecanismos de determinação do salário ao nível de subsistência. Foi para ressaltar essa dimensão, distinguindo-a do trabalho em ação, que cunhou a expressão "força de trabalho" (capacidade de trabalho, mercadoria), em contraste com trabalho (ação, exercício). Apenas esta última se associa à criação de valor. A originalidade de Marx, vale a pena insistir, não residiu em ter destacado a dimensão mercantil do trabalho, um ponto pacífico na economia política clássica, mas em: *a)* ter destacado o preciso contorno histórico, e o caráter verdadeiramente revolucionário, da aparição da força de trabalho como mercadoria; *b)* ter mostrado que a criação de mais-valia, assim como a produção de valor, realiza-se no processo de circulação e fora dele, vale dizer, no processo de produção.

O primeiro ponto é fundamental, pois circunscreve o excedente de valor (não o excedente em si) ao capitalismo, e o capitalismo à existência específica da força de trabalho enquanto mercadoria. A aparição do trabalhador assalariado, como livre proprietário de sua força de trabalho — livre por estar desprovido de outros meios para assegurar sua subsistência que não a venda de sua força de trabalho, e também no sentido de proprietário da força de trabalho (em contraste com o escravo, por exemplo) — é atributo de uma época histórica específica, que, aliás, por ela se define:

> "O que, portanto, caracteriza a época capitalista é que a força de trabalho assume, para o próprio trabalhador, a forma de uma mercadoria que pertence a ele, que, por conseguinte, seu trabalho assume a forma de trabalho assalariado. Por outro lado, só a partir desse instante se universaliza a forma mercadoria dos produtos do trabalho" (K, 141).

Em suma, da equivalência só podemos passar à mais-valia se levarmos em conta as condições históricas de surgimento e de manutenção da força de trabalho como mercadoria. A existência da força de trabalho como mercadoria constitui uma característica específica e ao mesmo tempo revolucionária do capitalismo, por abrir espaço para a autonomização do valor e, através dela, para a contínua subversão das técnicas produtivas, em contraste com situações em que há circulação de mercadorias, a despeito de a força de trabalho ainda não se haver convertido numa delas. A moeda, os juros etc. (categorias denotativas de circulação mercantil) são ancestrais, mas o mesmo não ocorre com a produção visando o valor, cujo surgimento depende dessa revolução.

O segundo ponto — a proposição de que só poderemos entender o processo de criação do valor excedente fora da circulação — é igualmente decisivo. Marx nos remete com ele ao mundo da produção, um território então pouco explorado pela economia política.

Os economistas, por certo, preocuparam-se com o processo de produção, como o comprova a relação entre a criação do produto líquido e as características da produção agrícola, estabelecida pelos fisiocratas, ou então a vinculação do tamanho do excedente à divisão do trabalho na produção, proposta por Adam Smith. No entanto, o processo de produção, ou a análise do trabalho humano no processo de produção, não chegou a se converter em núcleo vital da economia política e — o que é aqui fundamental — em nenhum momento os economistas procuraram compatibilizar a equivalência (troca de mercadorias) com o processo produtivo, tomando em consideração as características peculiares de uma das mercadorias encontradas na produção de todas: a força de trabalho. Para a economia política, a troca entre produtores independentes era a única esfera em que se aplica a lei do valor. A própria relação salarial era exposta por eles apenas no nível da equivalência, vale dizer, no nível da relação entre proprietários independentes. Apesar de se debruçar às vezes sobre o processo de produção, a economia política restringiu-se à circulação simples e, nessa medida, segundo Marx, foi incapaz de captar a verdadeira natureza econômica do produto excedente.

3.5 A identidade propriedade/trabalho

Na circulação simples todas as contradições imanentes à sociedade burguesa tornam-se opacas. Os homens são economicamente iguais, já que, por hipótese, não pode haver diferença entre quem intercambia[7].

Como pondera Marx, a igualdade entre os homens é um pressuposto da equivalência entre as mercadorias. Por essa razão, o ato de troca aparece motivado e validado somente por seu conteúdo exterior, que abrange os distintos valores de uso e as necessidades. A troca apenas reafirma a igualdade social[8], e a única relação social nela antevista é aquela entre livre-produtores independentes. Sob tal perspectiva, o trabalho, único fator a constituir valor *ex-nihilo*, passa a ser a exclusiva forma de acesso à propriedade. A economia política tem dificuldades em pensar a constituição do capital como elemento do processo econômico, porque, para tanto, ser-lhe-ia necessário antever a concentração da propriedade, ou a propriedade preexistente e não constituída pelo trabalho, algo que colide com a igualdade social subjacente ao plano da circulação simples.

Se isso não implicou a impossibilidade de tratar do capital, a economia política considerou o capital (Ricardo) e a acumulação do capital (Smith), sem que o excedente aparecesse como processo (como relação) social. Na ausência de uma teoria da valorização, o valor excedente aparecia somente como um reflexo do capital — taxa de lucro: reflexo da valorização do capital sobre ele próprio. A economia política não teria conseguido entender a valorização e o capital como processos, propôs Marx, justamente porque lhe escapava a verdadeira determinação econômica do trabalho na sociedade capitalista.

Essas observações complementam os comentários de Marx às limitações do plano da circulação simples e do valor para a análise da acumulação de capital, mas também realçam a importân-

---

[7] "Com efeito, na medida em que a mercadoria ou o trabalho estão determinados meramente como valor de troca, e a relação pela qual as diferentes mercadorias se vinculam entre si apresenta-se só como intercâmbio desses valores de troca, como sua equiparação, os indivíduos ou sujeitos entre os quais transcorre esse processo determinam-se simplesmente como agentes de intercâmbio" (G, 179).

[8] "Este conteúdo da troca, completamente alheio a sua determinação econômica, longe de ameaçar a igualdade social dos indivíduos, converte sua disparidade natural em fundamento de sua identidade social" (G, 180).

cia da natureza relacional do capital em sua afirmação como sujeito. Com efeito, no processo de produção o capital compreende como seus os elementos presentes — dinheiro, meios de produção, força de trabalho — uma vez que, no momento, eles só existem em função da finalidade do processo: produzir valor. Ao abarcar a relação entre meios de produção e força de trabalho, o capital interioriza a capacidade expansiva, que lhe confere autonomia e identidade, como finalidade do processo. É a sua natureza relacional que lhe proporciona a flexibilidade de se apresentar como portador dos elementos contraditórios necessários ao movimento do sujeito.

3.6 Capital e trabalho

Se a temática da conversão do dinheiro em capital explica o processo de valorização e a verdadeira natureza do capital, ela também contribui para elucidar a natureza do trabalho no capitalismo. Esse ponto pode ser mais bem abordado por meio de uma pergunta: de que modo o trabalho se torna o exclusivo termo oposto do capital na relação capitalista?

De acordo com Marx, "O único valor de uso (...) que pode constituir um termo oposto ao capital, é o trabalho (e precisamente o trabalho que cria valor, ou seja, o produtivo)" (G, 213). Ou ainda:"O valor de uso oposto ao capital enquanto valor de troca posto, é o trabalho. O capital se troca, ou, neste caráter determinado, só está em relação, com o não-capital, com a negação do capital, em relação ao qual só ele é capital; o verdadeiro não-capital é o trabalho" (G, 215).

A oposição entre o "valor de troca posto" e o valor de uso do capital (trabalho) não se manifesta na relação de troca de equivalentes, ou seja, na circulação, e sim no que Marx em seus *Grundrisse* denomina o "segundo ato" do intercâmbio entre capital e trabalho, o processo de produção. Na relação de valorização, o trabalho, embora oposto ao capital, é seu elemento[9].

---

[9] "O trabalho não é tão-só o valor de uso enfrentado ao capital, mas é também o valor de uso do próprio capital..." (G, 238).

A colocação do trabalho no processo de valorização como "valor de uso do próprio capital" também define o estatuto do trabalho na relação capitalista:

> "Frente ao capital, o trabalho é a mera forma abstrata, a mera possibilidade da atividade que põe os valores, a qual só existe como capacidade, como faculdade, na constituição corporal do trabalhador (...). Com relação ao capital, a atividade pode constituir unicamente na reprodução daquele, na conservação e aumento do capital como o valor real e eficaz" (G, 238).

O trabalho definido *por oposição* ao capital — "capital por antonomásia", diria Marx — é o trabalho abstrato, indiferente a seu caráter particular[10]. Nesse contexto, torna-se claro que a indiferenciação concreta é uma característica do trabalho abstrato que lhe é imposta pelo capital. O trabalho que cria valor define-se abstratamente, por oposição ao capital, porque o capital é indiferente em relação a toda particularidade de sua substância.

Além disso, o trabalho posto como não-capital é trabalho não objetivado, existência meramente subjetiva do trabalho, e daí trabalho como miséria absoluta. Miséria "não como carência, mas como exclusão plena da riqueza objetiva" (G, 236). Esse trabalho é fonte viva de valor, mas é também um não-valor[11].

Capital e trabalho, portanto, definem-se como elementos opostos e reciprocamente condicionados. A existência da força de trabalho como mercadoria pressupõe uma "exclusão plena de

---

[10] "Porque o capital enquanto tal é indiferente em relação a toda particularidade de sua substância, (...) o trabalho contraposto a ele possui subjetivamente a mesma plenitude e abstração em si" (G, 236).

[11] "Não é absolutamente uma contradição afirmar, portanto, que o trabalho, por um lado, é a miséria absoluta como objeto, e pelo outro é a possibilidade universal de riqueza como sujeito e como atividade; ou melhor, que ambos os lados desta tese absolutamente contraditória se condicionam reciprocamente e derivam da natureza do trabalho, já que este, como antítese, como existência contraditória do capital, está pressuposto pelo capital e, por outro lado, pressupõe por sua vez o capital" (G, 236).

riqueza objetiva", advindo daí a contraposição miséria absoluta/riqueza. Do mesmo modo, tratando-se apenas de uma "possibilidade universal de riqueza", é indiferente ao capital qualquer determinação concreta do trabalho.

A indiferenciação do trabalho em face do capital, condição de existência do trabalho abstrato, aparece aqui como um dos resultados da ação do capital em seu processo. Esse ângulo de abordagem esclarece e complementa a noção de trabalho abstrato, que fora no capítulo "A Mercadoria" formulada negativamente, como o resíduo espectral comum, uma vez retiradas as particularidades de cada trabalho concreto. Explicitada a noção de capital, agora o trabalho abstrato pode ser definido positivamente, em oposição a ela. É o processo do capital que confere ao trabalho a abstração, já que, relativamente ao capital, "(...) a atividade pode constituir unicamente (...) na conservação do aumento do capital como o valor real e eficaz" (G, 236).

3.7 Circulação de mercadorias e igualdade

Após haver exposto o "segredo" da produção de mais-valia e a necessidade de o processo de transformação do dinheiro em capital ocorrer ao mesmo tempo na circulação e fora dela, Marx retorna ao problema da circulação e se estende em considerações sobre o que poderíamos chamar de ideologia da economia política. A melhor síntese das considerações sobre a ideologia da economia política encontra-se ao final do capítulo IV de *O Capital*, numa passagem bem conhecida:

> "A esfera da circulação ou do intercâmbio de mercadorias, dentro de cujos limites se movimentam compra e venda de força de trabalho, era de fato um verdadeiro Éden dos direitos naturais do homem. O que aqui reina é unicamente Liberdade, Igualdade, Propriedade e Bentham. Liberdade! Pois comprador e vendedor de uma mercadoria, por exemplo, da força de trabalho, são determinados apenas por sua livre-vontade. Contratam como pessoas livres, juridicamente iguais.

> O contrato é o resultado final, no qual suas vontades se dão uma expressão jurídica em comum. Igualdade! Pois eles se relacionam um com o outro apenas como possuidores de mercadorias e trocam equivalente por equivalente. Propriedade! Pois cada um dispõe apenas sobre o seu. Bentham! Pois cada um dos dois só cuida de si mesmo. O único poder que os junta e leva a um relacionamento é o proveito próprio, a vantagem particular, os seus interesses privados. E justamente porque cada um só cuida de si e nenhum do outro, realizam todos, em decorrência de uma harmonia preestabelecida das coisas ou sob os auspícios de uma previdência toda esperta, tão-somente a obra de sua vantagem mútua, do bem comum, do interesse geral" (K, 145).

É esse o território em que a economia política se situa, ou, como quer Marx, no qual "(...) o livre cambista *vulgaris* extrai concepções, conceitos e critérios para seu juízo sobre a sociedade do capital e do trabalho assalariado (...)" (K, 145). Nesse território, ressaltam a liberdade, a igualdade, a propriedade e o interesse — vale dizer, as idéias-chave da filosofia do direito natural e do utilitarismo, com as quais a economia política construiu seu discurso.

As idéias do livre-cambismo são insuficientes se quisermos explicar o caráter assimétrico das relações sociais capitalistas e a própria natureza do capital; contudo, elas são pertinentes à órbita da circulação e, desse modo, produzidas também pelo capitalismo. São um subproduto do capitalismo que, não esgotando sua definição, nem por isso deixa de ser menos real.

A grande deficiência da economia política, de acordo com Marx, foi a de ter permanecido restrita a uma exclusiva dimensão do capitalismo, a "órbita da circulação". Desvendado o segredo da produção de mais-valia, torna-se possível penetrar na "órbita da produção". A crítica da economia política tirará proveito do mergulho em uma esfera em que as relações entre os indivíduos não aparecem somente como relações entre livres produtores independentes.

4
Mais-valia absoluta e mais-valia relativa

No capítulo IV de *O Capital* Marx chegou ao capital, desenvolvendo-o a partir do dinheiro numa modalidade específica de circulação, e revelou o "segredo" da produção da mais-valia, a ser identificado no peculiar intercâmbio que se estabelece no processo de produção entre o capital e o trabalho. A valorização do valor lançado à circulação ocorre dentro dela — vale dizer, respeitando a equivalência — e fora dela, já que da equivalência não pode resultar mais valor.

Nas seções que sucedem ao capítulo IV, e mais particularmente na terceira e na quarta (capítulos V a IX; X a XIII) Marx iria cumprir o prometido ao final do capítulo IV, qual seja, abandonar a esfera da circulação, à qual os economistas permaneceriam presos, para lançar-se à esfera da produção, território em que a não-equivalência da relação capital/trabalho é conspícua.

A análise do processo de produção está contida na terceira e quarta seções, que ocupam grande parte do Livro I de *O Capital*, subdividindo-se em "Produção de Mais-Valia Absoluta" (terceira seção) e "Produção de Mais-Valia Relativa" (quarta seção). A diversidade de temas teóricos e as sugestivas ilustrações históricas despertaram um especial interesse por essas seções, que talvez estejam entre as mais estudadas pelos cientistas sociais contemporâneos, concentrando a atenção de críticos não-economistas de variados campos de investigação: sociologia, história, teoria do desenvolvimento, industrialização comparada etc.

O presente capítulo está muito aquém do conteúdo teórico-histórico das referidas seções. Ele não dá conta, e nem se propõe a fazê-lo, da variada gama de questões suscitadas, particularmente pelos assim chamados "capítulos históricos". Se no restante deste trabalho nossa intenção era ao menos a de apresentar os tópicos centrais da exposição de Marx, aqui nem isso ocorre. Nosso propósito exclusivo, acompanhando o espírito da argumentação desenvolvida até agora, é o de situar o capital (sujeito autônomo) em seu processo (de valorização). A meta é enfatizar os aspectos que conduzem diretamente à "crítica da economia política" e captam o núcleo lógico da exposição. Em função desses objetivos, recebe destaque a temática da *subordinação*, que condensa o sentido lógico-teórico da exposição. Para isso se recorre particularmente às passagens do *Capítulo Inédito* onde ela aparece de modo concentrado.

Por outro lado, é bom esclarecer que o mergulho na esfera da produção não nos deve levar a presumir que a equivalência será deixada para trás, em favor da assimetria característica das relações capitalistas de produção. A esfera da circulação representa uma dimensão — a da igualdade — permanente e até mesmo imposta pelo capitalismo, na medida em que este é, por excelência, o regime do intercâmbio mercantil. "Abandonar a esfera da circulação" significa apenas deixar de se reportar exclusivamente à troca de equivalentes a fim de captar a *differentia specifica* do capitalismo e, para isso, é necessário que nos debrucemos sobre a produção de mais-valia.

4.1 Processo de trabalho e processo de valorização

A terceira seção de *O Capital*, que trata da produção de mais-valia absoluta, principia com o capítulo intitulado "Processo de Trabalho e Processo de Valorização" e nele, curiosamente, a análise do processo de trabalho parece representar um retorno às determinações naturais do trabalho, externas ao processo de valorização e às determinações formais do trabalho e do capital. O capítulo começa por uma digressão sobre a relação homem/natureza ou, de modo mais preciso, sobre o trabalho entendido apenas como produção de valores de uso, à margem de qualquer enquadramento histórico. O trabalho, os meios de trabalho e o objeto de trabalho, combinados tendo em vista a confecção de um produto (valor de uso), constituem os elementos da exposição.

Esse retorno às determinações naturais do trabalho, ou ao processo de trabalho em si, parece estranho quando já se conhece o verdadeiro segredo da produção capitalista e quando o processo de produção já foi apresentado como processo de valorização, ou processo do próprio capital. Estaria sua finalidade na elaboração de um pano de fundo material genérico — atividade humana como produtora de valores de uso — ao qual se sobreporiam as relações sociais supostas pelas diversas determinações históricas (feudalismo, capitalismo)? Tratar-se-ia, nesse sentido, de estruturar os "elementos gerais da atividade humana" presentes em qualquer situação social? Enfim, qual é o objetivo da exposição, se a revelação do "segredo" da produção de mais-valia parece tornar ingênua qualquer tentativa de naturalização do trabalho?

A longa e detalhada exposição dos elementos do processo de trabalho no capítulo V de *O Capital* parece remeter o trabalho a uma espécie de morfologia da atividade humana anterior às relações sociais, mas o seu significado é mais complexo. Se por um lado os capítulos V e VI retomam a idéia de naturalidade do trabalho pertinente à determinação particular do valor (valor de uso), pode-se perceber que há também um sentido mais completo na abordagem do processo de trabalho.

Nos *Grundrisse*, ao deter-se na "segunda fase" do processo de interação entre o capital e o trabalho, isto é, na "relação do capital com o trabalho enquanto valor de uso do primeiro" (G, 238), Marx complementa a matéria, mostrando como o produto do trabalho se apresenta necessariamente ante o trabalho vivo como algo dado, algo externo e anterior ao trabalho: matéria-prima e instrumentos de trabalho (meios de produção). A relação estabelecida entre o trabalho e os meios de produção, que do ponto de vista da *determinação formal* nada mais é do que a relação entre elementos do capital em seu processo de valorização, aparece aqui como uma simples relação entre trabalho e objeto, externa ao conteúdo econômico do processo. O capital revela-se enquanto objeto, em face do trabalho como criador de valor de uso. Independentemente do conteúdo econômico da relação social em que foi produzido, o capital aparece obrigatoriamente como objeto[1]. Nessa dimensão, "(...) o processo de produção do capital não se apresenta como processo de produção sem mais, e, à diferença do trabalho, o capital se apresenta tão-só na determinação substancial de matéria-prima e instrumento do trabalho" (G, 242).

O plano ao qual os economistas estão atentos — o plano da determinação substancial, e não da determinação formal do capital — é exatamente a dimensão à qual nos remete o processo de trabalho[2]. A determinação natural do processo de trabalho, na qual a relação trabalho/capital aparece como uma relação genérica entre o trabalho, os meios e o objeto de trabalho, não é irreal, e tampouco representa apenas uma morfologia geral das relações entre homem e natureza. O processo de trabalho, tomado como desprendimento das formas sociais concretas assumidas na produção, é uma "abstração que ocorre no processo", ou seja, um plano da relação do capital em que o trabalho e os meios de produção se posicionam como objetividades externas ao conteúdo econômico da relação. Recuar para tal abstração significa captar uma determinação também posta pelo processo de produção, e, ao mesmo tempo, cingir-se ao território em que a economia política desdobra sua visão sobre o capital.

Tudo ocorre como se, ao penetrar no plano da produção de valores de uso, Marx chegasse ao território exclusivo da economia política, para criticá-la. O ponto permanente de referência para sua crítica é a concepção de capital. O fato de os meios de

---

[1] "Se consideramos o capital sob o ângulo em que originariamente se apresenta em oposição ao trabalho, teremos que no processo ele é só existência passiva, só objetiva, na qual a determinação conforme a qual é capital — ou seja, uma relação social existente para si — está completamente extinta. No processo introduz-se unicamente um aspecto de seu conteúdo — enquanto trabalho objetivado em geral —; mas que seja trabalho objetivado é completamente indiferente para o trabalho, cuja relação com o capital constitui o processo; é só como objeto, não como trabalho objetivado, que o capital entra no processo, é elaborado" (G, 242).

[2] "É a este aspecto — que não é só uma abstração arbitrária, mas uma abstração que ocorre no próprio processo — que os economistas se prendem para apresentar o capital como elemento indispensável de todo processo de produção. Fazem isto, naturalmente, porque se esquecem de prestar atenção a seu comportamento como capital durante este processo" (G, 243).

produção apresentarem-se como meios para o exercício do trabalho (e não como elementos do capital no processo de valorização) fez com que os economistas considerassem capital a qualquer instrumento de trabalho. Para contrapor-se a uma concepção que ignora o caráter processual e autônomo da relação capitalista, Marx recolocou os elementos genéricos do processo de trabalho, introduzindo a determinação econômica ao final.

O argumento de Marx é o de que a mera inclusão da figura do capitalista já é suficiente para que o processo mude de fisionomia. Mesmo que se admita um processo de trabalho imutável apesar do capital[3], mesmo que se considerem processos de produção de valores de uso vigorantes, basta a presença do capitalista, personificação do valor em processo, para que: *a)* o trabalho passe a ser controlado pelo capitalista. Isso implica ordens, nova racionalidade etc.; e *b)* o produto seja propriedade do capitalista, o que, de resto, explica a apropriação da mais-valia pelo capitalista.

A simples colocação do processo de trabalho no interior da *determinação econômica* do capital — no caso introduzida pela figura do capitalista — acrescenta duas idéias decisivas. Em primeiro lugar, ela deixa entrever que "o processo de trabalho é um processo entre coisas que o capitalista comprou, entre coisas que lhe pertencem" (K, 154). O processo de trabalho é uma relação do capital. Em segundo lugar, e independentemente de alterações no processo de trabalho em si (nos aspectos técnicos, por assim dizer, da relação homem/natureza), a lógica da valorização acaba se impondo. Marx vale-se aqui de um recurso muitas vezes utilizado na análise do processo de produção, qual seja, o de supor apenas mudança das determinações econômicas, no quadro de estruturas técnicas anteriores às que virão a prevalecer quando as relações capitalistas estiverem implantadas. Nisso vai um grão de história — o capitalismo sempre se apropria de processos de trabalho anteriores a ele — e também um expediente para destacar o papel

---

[3] O capitalista "(...) tem de tomar a força de trabalho, de início, como a encontra no mercado e, portanto, também seu trabalho da maneira como se originou em um período em que ainda não havia capitalistas. A transformação do próprio modo de produção mediante a subordinação do trabalho ao capital só pode ocorrer mais tarde e deve por isso ser considerada somente mais adiante" (K, 154).

decisivo das relações sociais supostas na determinação formal.

No processo de valorização — processo de produção considerado enquanto valor, ou seja, enquanto processo do próprio capital — transportamo-nos dos elementos materiais da produção para o valor: trabalho materializado no produto final. Marx deseja agora desmembrar o valor do produto, de modo a distinguir a criação imediata de valor da transferência de valor. A distinção entre meios de produção e trabalho readquire importância, porque cumpre um papel na determinação do valor dos produtos.

A exposição de Marx tem três objetivos, o primeiro dos quais é o de esclarecer o tradicional dilema do papel do trabalho presente e do trabalho pretérito na determinação do valor. Ricardo, quem mais longe havia ido na solução do problema, concluíra que o valor do produto engloba o tempo de trabalho despendido nas diversas etapas de sua produção, aí incluindo a fabricação de matérias-primas, equipamentos etc., num *continuum* atemporal de tempos de trabalho. Ele acreditou, no entanto, que o trabalho pretérito, por ser capital, deve ser remunerado, transferindo-se a remuneração (lucro) ao valor do produto final. Marx retomou a proposição ricardiana inicial (soma de tempos de trabalho contidos nas diversas etapas da produção), taxativamente descartando a inclusão de lucro no valor do produto final. Seu argumento era o de que, ao chegar a produto final, todo trabalho é pretérito, não interessando quando foi executado. O trabalho despendido na última etapa da fabricação é tão pretérito quanto o despendido nos meios de produção. A diferença entre o valor transferido e o valor criado desaparece no produto final.

Em segundo lugar, Marx desejou ressaltar o caráter exclusivamente social e abstrato do trabalho que plasma valor. Do ponto de vista do processo de valorização, o produto final representa tempo de trabalho[4]. Uma parte do valor do produto final corres-

---
[4] "Quantidades de produto determinadas, verificadas pela experiência, representam agora nada mais que determinadas quantidades de trabalho, determinada massa de tempo de trabalho solidificado" (K, 157).

ponde a trabalho pretérito, incorporado a novo produto, e outra parte corresponde a valor criado diretamente pelo trabalho envolvido na fabricação do produto final. Há, enfim, duas parcelas distintas no valor do produto final. Enquanto valor, ambas são a mesma coisa, ou tempo de trabalho social. Enquanto emanações de distintos elementos do capital, elas diferem: uma (correspondente aos meios de produção) representa valor transferido; outra (correspondente ao trabalho em ação na fase final da produção) representa valor criado.

Em terceiro lugar, Marx pretendeu destacar que a mais-valia só pode ser decorrência do tempo de trabalho envolvido na última fase de produção, vale dizer, na confecção do produto final. Se o valor do produto final não superar o valor dos elementos do capital lançados à produção, isso significa apenas — já que os meios de produção transferem valor ao produto na exata medida de seu desgaste — que o trabalho foi exercido por tempo insuficiente. Valorizar o capital implica obter mais trabalho vivo, o que só se torna possível porque o trabalho pretérito encerrado na força de trabalho (custo diário de conservação) nada tem a ver com o trabalho vivo que essa pode desenvolver (rendimento diário).

Em síntese, a distinção entre transferência e criação de valor, pertinente à dupla determinação do trabalho (trabalho concreto e abstrato), leva a um resultado duplo. Por um lado, a noção de trabalho abstrato permite uma radicalização da concepção ricardiana de intertemporalidade do trabalho. O valor da mercadoria é uma soma de abstrações do trabalho, que só contam como tempo. Por outro lado, e na medida em que a ação valorativa dos meios de produção é passiva, seu valor somente será transferido pelo trabalho na proporção exata do desgaste e utilização dos objetos envolvidos no processo produtivo. Todo o produto de valor pode então ser atribuído ao tempo de trabalho despendido na transformação de meios de produção em novo produto, isto é, na última etapa de produção. O valor do excedente social só corresponde ao trabalho despendido no produto final; mais especificamente, ao excedente de tempo de trabalho em relação ao valor do salário. A valorização do capital dependerá do que ocorrer na fabricação do produto final ou, estritamente, do trabalho imediato e de sua relação interna entre tempo de trabalho necessário e tempo de trabalho excedente.

Abandonar a esfera da circulação e a simples determinação do valor da mercadoria implica transportar para o processo de produção a dupla determinação do trabalho subjacente às mercadorias. Entretanto, o plano do processo de trabalho vai além da circulação mercantil, pois envolve atividade laborativa e, nessa medida, conduz ao cerne da sociabilidade capitalista e ao núcleo constitutivo do capital: o processo de produção. Também há no processo de produção uma dimensão natural e uma dimensão social, mas a dimensão social não se reporta à equivalência, e sim imediatamente à desigualdade. O processo de valorização é um processo de constituição da desigualdade. E já que em sua dimensão valorativa o processo de produção é um processo do capital, os elementos que nele intervêm — meios de produção e força de trabalho —, que desempenham um distinto papel na constituição do valor do produto, reaparecem agora na função de capital. No processo de valorização ambos constituem apenas modalidades de existência do valor primitivo do capital, o que permitiu a Marx defini-los na qualidade de partes integrantes do capital em seu processo de valorização como: *a)* capital constante — parte dos meios de produção que se inverte em meios de produção, não mudando de valor; *b)* capital variável — parte do capital que se inverte em força de trabalho.

Cabe ressaltar que essas definições destacam tanto o distinto papel de meios de produção e força de trabalho na criação do valor do produto, como o fato de ambos se situarem como elementos do capital original lançado à circulação. No processo de valorização os fatores objetivos e subjetivos do processo de trabalho são elementos do capital.

4.2 A taxa de mais-valia

O capítulo VII de *O Capital* trata exclusivamente da taxa de mais-valia, ou seja, da relação entre mais-valia e capital variável. Essa relação ocupa papel central no sistema de Marx e condensa o núcleo de sua crítica à economia política.

A natureza da taxa de mais-valia remete à distinção entre capital constante e capital variável, bem como aos diferentes papéis dos elementos objetivos do processo de trabalho na valorização do capital. Se a mais-valia aparece como acréscimo referente a todo o capital lançado à circulação ("[...] apresenta-se de início como excedente do valor do produto sobre a soma de valor de seus elementos de produção" [K, 173]), sabemos, contudo, que o produto de valor nascido no novo processo é $v + m$ (capital variável + mais-valia), igual a $v + \Delta v$. A mais-valia é um acréscimo ao valor do capital variável, advindo da substituição do valor do capital variável pelo valor criado pelo trabalho no processo de produção. O valor do produto ao final do processo produtivo é composto por $c + v + m$ (capital constante + capital variável + mais-valia) e o produto do valor é apenas $v + m$, inteiramente criado pelo exercício do trabalho no ato produtivo.

Os economistas restringiriam sua atenção à taxa de lucro ($m/(c + v)$), relação entre mais-valia e capital constante e variável (ou proporção em que se valoriza todo o capital lançado à circulação). Para Marx, a taxa de lucro é uma relação incapaz de pôr a descoberto o "segredo" da produção capitalista, quer dizer, incapaz de revelar a natureza do excedente. Todo o excedente e todo o produto de valor relacionam-se à magnitude do trabalho envolvido na última etapa da produção. A valorização do capital dependerá apenas da proporção em que o valor gerado se sobrepuser ao valor da força de trabalho consumida. Trata-se de uma relação privativa entre o custo do trabalho e o valor posto pelo trabalho, e é a isso que se denomina taxa de mais-valia, ou m/v. Ao contrário da taxa de lucro, nela o produto excedente é posto em relação somente com o valor da parcela do capital responsável pela valorização.

A mesma taxa de mais-valia pode também ser expressa por outras relações. Quando referida ao trabalho fluido, na forma de relação entre tempo de trabalho excedente e tempo de trabalho correspondente ao valor da força de trabalho, aparece como "taxa de exploração" — relação trabalho excedente/trabalho necessário. Nessa formulação, segundo Marx, a mais-valia surge claramente como trabalho não-pago, ou exploração, sendo a taxa de mais-valia "(...) a expressão exata do grau de exploração da força de trabalho pelo capital ou do trabalhador pelo capitalista" (K, 177).

Na taxa de exploração, o trabalho excedente assume diretamente a feição de trabalho não-pago, em contraposição ao trabalho remunerado, ou trabalho necessário. Vale dizer, a "taxa de exploração" põe a descoberto a natureza econômica da relação capitalista: o trabalho aparece como valor, e o trabalho excedente como trabalho não-pago.

Por outro lado, a taxa de mais-valia expressa a verdadeira capacidade de expansão do sistema econômico, ao relacionar o valor do excedente com o valor do fator que lhe dá origem. Ela é a magnitude fundamental do produto excedente, ou a verdadeira taxa de expansão da riqueza[5].

Em suma, no sistema de Marx a riqueza depende *prima facie* do tempo de trabalho excedente em relação ao necessário, ou, no capitalismo, do grau de exploração. Sob esse enfoque, a riqueza é mais do que "profusão de mercadorias"; ela é, sobretudo, potencial de expansão do trabalho excedente em face do necessário. Em sendo valor, a riqueza capitalista depende da natureza relacional do processo de valorização do capital e da medida de sua eficácia, a taxa de mais-valia.

4.3 A extensão da jornada de trabalho e a mais-valia absoluta

A taxa de mais-valia pode ser representada através da relação entre os dois segmentos que compõem a magnitude absoluta do tempo de trabalho, trabalho excedente e trabalho necessário. Para Marx, o nível de riqueza depende dessa relação, que tanto pode ser afetada por uma mudança no tempo de trabalho necessário — supondo-se constante a jornada — como por uma mudança na extensão da jornada — supondo-se constante o tempo de trabalho necessário. É a esta última modalidade de alteração na taxa de mais-valia que o texto de *O Capital* está inicialmente voltado.

---

[5] "Como a produção de mais-valia é o objetivo determinante da produção capitalista, não é a grandeza absoluta do produto mas a grandeza relativa do mais-produto que mede o grau de riqueza" (K, 185).

A mera constatação de que a potência expansiva do sistema pode ser afetada pela relação entre trabalho necessário e trabalho excedente tem um importante significado. Marx remonta aqui do processo de trabalho ao processo de valorização, e redefine a produtividade em função do último. Se, do ponto de vista do processo de trabalho, a produtividade é capacidade de produzir valores de uso, do ponto de vista da valorização, ou no processo do capital, a produtividade será a capacidade de valorizá-lo. Isso depende, preliminarmente, da taxa de mais-valia. A capacidade de expansão do sistema torna-se antes de mais nada uma relação interna entre tempo de trabalho excedente e tempo de trabalho necessário, transformando o simples ato de se prolongar a jornada de trabalho — aumento da taxa de mais-valia — num meio adequado ao aumento da capacidade de produção de riqueza, ainda que se desconsidere qualquer alteração na capacidade produtiva do trabalho (referida a valores de uso).

A subordinação da riqueza capitalista à taxa de mais-valia não interfere minimamente nas regras de equivalência. É da essência da relação capital/trabalho que se abra uma ampla margem de indefinição no que tange à extensão da jornada. O valor da força de trabalho antepõe-se ao processo de produção (é o resultado de processos anteriores) e o salário fixa-se antes de o trabalho ser despendido, implicando a regra de equivalência apenas em pagamento conforme o valor da cesta de subsistência. Apesar da equivalência, o usufruto da capacidade laborativa em ação possui limites elásticos. Estabelece-se uma pugna entre vendedor e comprador da força de trabalho, decidida apenas pela força, pois "(...) ocorre aqui (...) uma antinomia, direito contra direito, ambos apoiados na lei do intercâmbio de mercadorias" (K, 190).

O fato de a relação salarial supor a existência de regras definidas entre livres proprietários contratantes não impede que, no tocante ao usufruto do trabalho, abra-se espaço para uma indefinição, peculiar à relação capitalista e crucial ao processo de valorização. É como se retomássemos os textos econômicos de juventude, nos quais Marx e Engels tendiam a não reconhecer a legitimidade das leis de equivalência e a ver na relação capital/trabalho apenas a autoridade da força, qualificando-os. No *Capital*, o reconhecimento da validade do critério de equivalência não implica desconhecer que, sendo o valor uma norma de intercâmbio (ou da circulação), persiste no processo de produção um espaço específico para a lei do mais forte. O capitalismo não baniu o argumento da força, mas lhe reservou um espaço próprio e compatível com a lei do valor. É no interior desse espaço que se desenvolvem a temática da mais-valia absoluta e a farta ilustração sobre a extensão da jornada de trabalho, presentes no capítulo VIII de *O Capital*.

Pode-se perguntar por que Marx conferiu tamanha importância à duração da jornada de trabalho, quando é óbvio que o aumento da capacidade produtiva do trabalho e a conseqüente redução do valor da cesta de subsistência são a modalidade por excelência de elevação da taxa de mais-valia na economia moderna. Tratar-se-ia de um reconhecimento da relevância histórica desse método de obtenção de sobretrabalho nas origens do capitalismo? Seria uma menção à importância política e econômica das lutas em prol da regulamentação da jornada? Com certeza que sim, mas há ainda uma razão adicional e decisiva na análise da mais-valia. A perspectiva teórica adequada é dada pela idéia recorrente de que basta supormos relações sociais de assalariamento, ainda que no quadro de processos de trabalho anteriores a elas, para que as características econômicas impostas pela valorização prevaleçam. O alongamento da jornada de trabalho, desconsiderando alterações no processo de trabalho, ressalta justamente a centralidade da *determinação formal*. Nessa medida, a expansão da jornada de trabalho aparece como um método genérico de obtenção de mais-valia; mais propriamente, como o método de obtenção de mais-valia absoluta.

No limite — a idéia é retomada em diversas ocasiões — o único pré-requisito natural para a exploração capitalista é o mesmo de qualquer regime baseado na expropriação de sobretrabalho, qual seja, a capacidade de se produzir excedente econômico, ou a possibilidade de um homem produzir subsistência para diversos. A existência da força de trabalho como mercadoria certamente supõe uma revolução social, mas não necessariamente uma revolução no regime de produção. A extensão da jornada aparece então como modalidade de valorização do capital, tanto transitória quanto permanentemente. Em caráter transitório, quando se tratar de incluir no processo de valorização estruturas produtivas antes externas a ele; em caráter permanente, quando se tratar de explicar o aumento da taxa de mais-valia supondo-se constantes as condições técnicas de produção.

Sinteticamente, Marx formula o problema da seguinte maneira:

> "De início, o capital submete o trabalho ao seu domínio nas condições técnicas em que o encontra historicamente. Não altera, portanto, imediatamente o modo de produção. A produção da mais-valia na forma observada até agora, mediante simples prolongamento do dia de trabalho, parecia, por isso, independente de qualquer mudança do próprio modo de produção. Não era menos eficaz na padaria antiga do que na moderna fiação de algodão" (K, 244).

4.4 A mais-valia relativa

A mais-valia relativa depende da compressão do tempo de trabalho necessário, de modo a alterar por esse meio a taxa de mais-valia (trabalho excedente/trabalho necessário). Deixando-se de lado a possibilidade de remunerar o salário abaixo do valor da força de trabalho, isso envolve uma redução do tempo de trabalho socialmente necessário à produção de meios de vida, mediante uma elevação da capacidade produtiva do trabalho. De modo a afetar significativamente o valor da cesta de subsistência, tal elevação deve atingir em caráter generalizado a produção de meios de vida. Para Marx, isso implica uma "revolução" no regime de produção e no próprio processo de trabalho.

Essa revolução é descrita com minúcia nos capítulos XI, XII e XIII do primeiro tomo de *O Capital*, que tratam exatamente dos "métodos particulares de produção da mais-valia relativa" (K, 258). Sem pretender entrar no conteúdo específico bem conhecidos desses capítulos, cabe salientar que o assunto em pauta é justamente a revolução no processo de trabalho, em contraposição à relação social em si (a simples determinação formal), pertinente ao conceito de mais-valia absoluta e objeto de consideração na análise da jornada de trabalho.

O objetivo de Marx era o de distinguir "regime capitalista" de "regime especificamente capitalista" de produção (conforme veremos mais adiante), introduzindo um requisito adequado ao desenvolvimento da concepção de capital como valor em processo e como relação historicamente determinada. Com efeito, a mais-valia em si, embora sendo o resultado mais palpável do processo de valorização, é insuficiente para caracterizar o significado lógico-histórico da noção de capital. Na medida em que a mais-valia e a taxa de mais-valia indicam ser o trabalho excedente — e não o valor, ou muito menos o valor de uso — o verdadeiro sentido da produção capitalista, a redução das possibilidades de valorização ao prolongamento da jornada estabelece um quadro excessivamente restrito para o capital.

O sentido histórico do capitalismo não pode ser o de transformar o já existente trabalho excedente em mais-valia, nem o de aumentar a mais-valia nos limites da jornada de trabalho, senão o de expandir o tempo de trabalho excedente por meio de um contínuo revolucionamento do regime de produção. A passagem da noção de mais-valia absoluta — que só requer a inclusão de qualquer processo de trabalho no domínio do capital — à de mais-valia relativa — que envolve a transformação dos processos de trabalho — complementa o caráter auto-referido da noção de capital, já que as barreiras ao alongamento da jornada de trabalho e à expansão do sobrevalor seriam uma restrição intolerável a um processo (o de valorização) que se caracteriza exatamente pela autonomia absoluta, vale dizer, pela impossibilidade de lhe serem antepostos limites que não os advindos das contradições dele próprio.

Por outro lado, a mais-valia relativa adequa a temática da correspondência entre base material e relações sociais, que já fora exposta na *Miséria da Filosofia* e na *Ideologia Alemã*, ao entendimento do regime capitalista como uma abstração do processo do capital. A base material da produção não deve ser entendida como uma estrutura tecnológica assentada, mas antes como a possibilidade de permanente mudança no modo de produzir, tendo em vista a expansão do sobrevalor.

A rigor, a criação de mais-valia relativa já supõe uma revolução. Ao analisar a cooperação e os resultados da cooperação sob o capitalismo, Marx reitera que devemos ao menos conceber uma prévia concentração de capital. Os métodos para a produção de mais-valia relativa supõem, além dos elementos que definem o modo de produção — circulação mercantil desenvolvida, existência da força de trabalho como mercadoria — a capacidade de contratação de muitos trabalhadores e de disposição dos meios de produção necessários. Entretanto, a característica crucial da produção de mais-valia relativa, e o que define o regime especificamente capitalista, é a possibilidade de transformação contínua do processo de trabalho e, no limite, a autonomização do processo de trabalho em relação às capacidades produtivas individuais. É disso que Marx trata na passagem da manufatura à grande indústria. A temática da subordinação permite expor de modo mais preciso a matéria.

4.5 Subordinação formal e subordinação real

No capítulo XIV, Marx situa a produção de mais-valia absoluta como "a base geral do sistema capitalista e o ponto de partida para a produção da mais-valia relativa" (K, 106). A produção de mais-valia relativa, por sua vez, "(...) revoluciona de alto a baixo os processos técnicos de trabalho e os agrupamentos sociais" (K, 106). Desse modo, a produção de mais-valia relativa "(...) supõe (...) um modo de produção especificamente capitalista, que com seus métodos, meios e condições nasce e é formado naturalmente apenas sobre a base da subordinação formal do trabalho ao capital. No lugar da formal surge a subordinação real do trabalho ao capital" (K, 106).

A título de síntese, cumpre assinalar que: *a)* a revolução do processo de trabalho relaciona-se à mais-valia relativa; *b)* a mais-valia absoluta é o ponto de partida para a produção de mais-valia relativa e a base geral do sistema capitalista. Isso significa que, embora a mais-valia absoluta não possua a virtude de revolucionar constantemente o processo de produção, constitui a base geral do regime capitalista; *c)* a mais-valia relativa relaciona-se ao "regime especificamente capitalista" de produção.

O tema pode ser mais bem desenvolvido a partir dos pares de conceitos que acabam de ser mencionados: regime capitalista/ regime especificamente capitalista; mais-valia absoluta/mais-valia relativa; subordinação formal/subordinação real. O significado e o entrelaçamento desses pares está exposto com maior clareza no *Capítulo Inédito*, em que o tratamento da subordinação e da mais-valia aparece diretamente vinculado à contraposição entre processo de trabalho e processo de valorização.

No *Capítulo Inédito*, Marx procurou demonstrar como, no processo de valorização, os meios de produção empregados pelo trabalhador são capital confrontado com o trabalho. Nessas condições

> "não é o trabalhador quem emprega os meios de produção, são os meios de produção que empregam ao trabalhador... Os meios de produção aparecem então unicamente como meio de sucção da maior quantidade possível de trabalho vivo. Este se apresenta tão-só como o meio de valorização dos valores existentes e, por conseguinte, de sua capitalização (...). Justamente como criador de valor o trabalho vivo incorpora-se de maneira constante no processo de valorização de trabalho objetivado. Como esforço, como gasto de força vital, o trabalho é a atividade pessoal do trabalhador. Mas, enquanto criador de valor, implicado no processo de sua objetivação, o próprio trabalho do trabalhador é, mal ingressa no processo de produção, um modo de existência do valor do capital, incorporado a este" (CI, 17, 18).

Vale notar que nesse processo de valorização, o trabalho, "modo de existência do valor do capital", aparece incorporado a ele. É no exato sentido de *incorporação* ao processo do capital que a subordinação deve ser entendida. A valorização implica inclusão do trabalho — e nesta medida ele é capital variável — no processo do capital.

Ao tratar da subordinação formal, Marx reitera o significado da subordinação:

> "O processo de trabalho converte-se no instrumento do processo de valorização, do processo de autovalorização do capital: de criação de mais-valia. O processo de trabalho subordina-se ao capital (é seu próprio processo) e o capitalista nele se posiciona como dirigente, condutor; para este é ao mesmo tempo, de maneira direta, um processo de exploração do trabalho alheio (...)" (CI, 54).

O caráter formal (em contraste com o real) da subordinação envolve uma qualificação suplementar. A subordinação é formal porque a inclusão do trabalho no processo do capital não pressupõe uma revolução no relacionamento entre o trabalho vivo e os meios de produção. De acordo com Marx, "(...) com esta mudança não se efetuou a priori uma mudança essencial na forma e na maneira real do processo de trabalho, do processo real de produção. Pelo contrário, é da natureza da coisa que a subordinação do processo de trabalho ao capital se opere sobre a base de um processo de trabalho preexistente" (CI, 55). A subordinação é formal porque "(...) só se diferencia formalmente dos modos de produção anteriores, sobre cuja base surge (ou é introduzida) diretamente (...)" (CI, 60-1).

Há um paralelismo entre subordinação formal e mais-valia absoluta, na medida em que ambas dizem respeito à caracterização genérica do regime capitalista. No *Capítulo Inédito* Marx afirma que a subordinação formal "É a forma geral de todo processo capitalista de produção, mas, por sua vez, é uma forma particular em relação ao modo de produção especificamente capitalista, desenvolvido, já que a última inclui a primeira, mas a primeira não inclui necessariamente a segunda" (CI, 54).

O modo de produção especificamente capitalista inclui uma determinação adicional, a capacidade de revolucionar o processo de trabalho. Ele "(...) revoluciona não só as relações entre os diversos agentes da produção, senão simultaneamente a índole deste trabalho e a modalidade real do processo de trabalho em seu conjunto" (CI, 56). Portanto, "(...) conhece outras maneiras de explorar a mais-valia" (CI, 56), ou seja, a mais-valia relativa. O paralelismo entre mais-valia relativa e modo de produção especificamente capitalista é explícito.

Por outro lado, a mera diferenciação formal em relação a regimes de produção anteriores, característica da subordinação formal, basta para fixar o contraste entre a relação social capitalista e anticapitalista. Já na subordinação formal, segundo Marx, a relação entre os contendores é puramente monetária. A dependência do vendedor da força de trabalho é puramente econômica e "(...) não existe nenhuma relação política, fixada socialmente, de hegemonia e subordinação" (CI, 61). Ao mesmo tempo, as condições objetivas e subjetivas de trabalho se enfrentam diretamente ao trabalhador como capital, isto é, como propriedade alheia.

Na subordinação real a hegemonia também é econômica, constituindo-se porém um modo de produção tecnologicamente específico — o capitalista — que transforma a natureza real do processo de trabalho. O regime especificamente capitalista de produção cria uma forma modificada de produção material, que proporciona a base para o desenvolvimento da relação capitalista. Difunde-se a produção em grande escala e a subordinação real conquista, um após o outro, todos os segmentos da produção.

É neste sentido que a mais-valia relativa transforma-se na modalidade geral do processo de produção, conforme Marx conclui n'*O Capital*:

> "O modo de produção especificamente capitalista deixa de ser ao todo um simples meio para a produção de mais-valia relativa, tão logo tenha-se apoderado de todo um ramo de produção e, mais ainda, de todos os ramos decisivos de produção. Ele torna-se agora a forma geral, socialmente dominante, do processo de produção. Como método particular para a produção de mais-valia relativa atua ainda somente, primeiro, na medida em que se apodera de indústrias até então apenas formalmente subordinadas ao capi-

tal, portanto em sua propagação. Segundo, ao serem revolucionadas continuamente as indústrias que já se encontram em seu poder, mediante a mudança dos métodos de produção" (K, 106-7).

4.6 Conclusões

Os principais resultados das seções que tratam da produção de mais-valia podem ser resumidos da seguinte maneira:

a) o detalhamento do "segredo" contido no processo de valorização, com a especificação da natureza do intercâmbio peculiar estabelecido entre uma fração do capital (capital variável) e o elemento fermentativo do valor do capital;

b) a caracterização dos diversos papéis dos elementos do processo de trabalho na conformação do valor do produto;

c) a definição da taxa de mais-valia como relação central na análise da valorização do capital;

d) a diferenciação entre mais-valia absoluta e relativa; entre subordinação formal e real; e entre regime capitalista e especificamente capitalista de produção.

Esses resultados permitem extrair duas conseqüências teóricas importantes da teoria da mais-valia. A primeira delas é o detalhamento preliminar das críticas às concepções de capital da economia política. Marx não admite que o capital seja uma "coisa", mas o considera como uma relação cuja natureza opositiva ele se propõe a explicar. O caráter relacional do capital só pode revelar-se através de uma análise da produção. É justamente porque se desdobra em força de trabalho e meios de produção, elementos tensos e polares de um processo (o de valorização) auto-referido, que o valor inicialmente lançado à circulação se afirma como capital.

O aspecto central dessa primeira crítica à concepção reificada do capital refere-se ao fato de não terem os economistas entendido a natureza relacional e historicamente determinada do capital. Daí, conforme Marx, a atenção exclusiva conferida pelos economistas à taxa de lucro, relação em que o valor aparece referido a ele próprio, como num espelhamento, e não aos elementos antitéticos do processo de valorização. A taxa de lucro esconde a verdadeira natureza autoconstituída e antitética do processo de valorização.

Por outro lado, a crítica de Marx não ignora que o caráter de "coisa" do capital, tal como aparece para a economia política, é uma abstração posta pelo próprio processo. Ao se defrontarem no processo de produção com os meios de produção, os produtores sempre os têm como "coisa", ou seja, como um objeto natural externo que não revela a natureza econômica da relação.

A segunda conseqüência teórica relevante da teoria da mais-valia concentra-se na taxa de mais-valia em si. Por ter condicionado a valorização a uma relação interna entre frações da jornada de trabalho, Marx não só abriu um campo de indefinição para a determinação do ritmo de valorização como transformou a flexibilidade dessa relação no elemento característico e decisivo da produção moderna. O capitalismo aparece, sob esse aspecto, como um regime para a produção de tempo de trabalho excedente, inclusive (e principalmente) através do contínuo revolucionamento da capacidade produtiva. Todos os elementos que contribuem para a determinação da taxa de mais-valia são flexíveis, e tudo aponta para o caráter expansivo de um regime de produção que tem sua justificativa histórica na capacidade de transformação das técnicas produtivas e da vida social.

Enfim, a análise da mais-valia descreve as características autotransformadoras do regime de produção. São os elementos dinâmicos do sistema que estão sendo postos em evidência por Marx, algo que tem implicações profundas na subseqüente crítica à economia política.

Para concluir, cabe fazer uma breve referência à estrutura de apresentação da noção de capital em Marx. Nos três primeiros capítulos, que tratam do valor, o capital está apenas subentendido. Na segunda seção ("Transformação do Dinheiro em Capital"), o capital aparece como a finalidade do processo valorativo. Ele é definido pela natureza do circuito de circulação do dinheiro (D-M-D'), necessariamente expansiva. A terceira e a quarta seções tratam da produção de mais-valia, ou do processo de produção. O capital aparece como o resultado da produção mas, vale destacar, cada ato produtivo é considerado isoladamente. O caráter processual da relação capitalista, ou a reiteração permanente das condições do processo capitalista de produção, só viria a ser estabelecido nas seções posteriores, que abordam a reprodução.

A estrutura de apresentação da noção de capital é, desse modo, ternária: valor e dinheiro; produção; reprodução. A análise do processo de produção (ou da produção de mais-valia absoluta e relativa) apenas mostra como o valor se autoconstitui em capital, desde que inserido na relação produtiva capitalista. As relações sociais estão supostas, e só deixarão de está-lo quando o capital vier a ser considerado, reprodutivamente, como um processo.

5
A reprodução do capital

5.1 Uma teoria da reprodução no âmbito do processo de produção do capital

Na sétima seção do primeiro tomo de *O Capital*, Marx retoma uma das idéias cruciais da economia política, qual seja, a de reprodução. Entendida como a reposição das condições econômicas de produção, a noção de reprodução permite, pelo simples fato de tomar o processo de produção como um *continuum*, a aproximação a novos resultados teóricos. O benefício proporcionado por questões e categorias mais complexas do que as levadas em consideração no estudo do ato isolado da produção, entretanto, não elimina o risco, inerente à análise da reprodução, de se ter imediatamente em vista as temáticas da repartição e do excedente econômico, sem efetuar as devidas mediações teóricas.

Os trabalhos de Cantillon e Quesnay, autores pioneiros no entendimento da economia como um sistema reprodutivo, constituem um bom exemplo desse risco. Neles, o produto social e os rendimentos, os gastos e a produção, encontram-se diretamente relacionados. Ao conectar a produção e o consumo e reposicionar os agentes sociais enquanto produtores (ou meros consumidores), desse modo assegurando a continuidade dos fluxos produtivos, a análise fisiocrática acabou englobando em um mesmo plano teórico a produção e a distribuição do produto social.

É certo que o fato de se ter o circuito reprodutivo como horizonte cria novas perspectivas. A seqüência produção—rendimentos—gastos—produção, que descreve de forma esquemática o ciclo reprodutivo, abre espaços para o estudo das condições do crescimento econômico. Os fisiocratas exploraram de modo inovador essas novas perspectivas, ao examinarem as condições de apropriação do produto social pelos agentes econômicos, bem como os impactos dos diversos tipos de gastos sobre a reprodução social. Como se trata de questões que incidem diretamente sobre a acumulação do capital, o circuito reprodutivo representou um domínio privilegiado para o estabelecimento de considerações sobre o crescimento econômico.

Marx acolheu as possibilidades abertas pelo entendimento da economia como um circuito reprodutivo, mas procurou na sétima seção contornar um obstáculo metodológico daí decorrente. Ao tratarem da reprodução, os economistas teriam mesclado tópicos diretamente emergentes da pauta da produção imediata — valor, excedente econômico, produtividade do trabalho — com temas que remetem à circulação dos capitais, ou à repartição do excedente entre as diversas modalidades de capital. Teriam posto em um mesmo plano valor, preços, realização do valor, variação da taxa de lucros, renda da terra; enfim, questões que dizem respeito às condições concretas de desenvolvimento econômico, mas extrapolam a pauta do valor, do capital em geral e das condições genéricas de definição do modo capitalista de produção.

A necessidade de obedecer às devidas mediações levou-o a depurar e isolar o enfoque reprodutivo, e a descartar tanto os problemas e a temática próprias da circulação como as questões adequadas às formas concorrenciais, postas ao nível dos diversos capitais. No seu entendimento, a reprodução seria antes de mais nada uma perspectiva pertinente à esfera do capital social global, como tal devendo ser apresentada.

Essa concepção está exposta de forma sintética e um tanto esquemática no início da sétima seção, num trecho resumido e destacado dos capítulos que compõem o restante da seção, no qual se esclarece que se vai supor que as mercadorias percorrem sem obstáculos o processo de circulação e que vão ser desconsideradas as formas transfiguradas da mais-valia (objetos dos Livros Segundo e Terceiro, respectivamente)[1]. A divisão da mais-valia e a fase intermediária da acumulação, conforme o texto, "(...) obscurecem a simples forma básica do processo de circulação" (K, 152).

O que Marx tinha em mente, ao prescindir de uma gama variada de questões que emergem da apreciação do processo reprodutivo real, era a acumulação em abstrato[2]. Em outras palavras, seu objetivo era, ainda no âmbito do processo direto de produção, o de formular um complemento à noção de relação capitalista no que ela tem de mais genérico, posto ao nível do capital em geral. Nessa medida, a sétima seção deve ser entendida como a legítima conclusão do estudo do processo de produção do capital, efetuada no primeiro livro de *O Capital*.

Além de complementar o entendimento do processo de produção do capital, o estudo da reprodução permite estabelecer leis de acumulação postas no âmbito do capital em geral. O objetivo da exposição, aliás, era exatamente este: formular leis de acumulação, tal como a "lei geral da acumulação capitalista", enunciada no capítulo XXIII.

A questão que imediatamente se coloca é a do estatuto (e da importância) dessas "leis gerais" que desconhecem a totalidade das determinações do processo reprodutivo, fixando-se na "acumulação em abstrato". A questão, fortemente implícita na sétima seção do primeiro tomo de *O Capital*, recebera um tratamento mais aberto nos *Grundrisse*. A rigor, neste último texto, ela deriva da distinção entre o capital em geral e os capitais em particular, ou capitais reais:

> "O capital em geral, à diferença dos capitais em particular, apresenta-se, para dizer a verda-

---

[1] "Supomos aqui, portanto, por um lado que o capitalista que produz a mercadoria a vende por seu valor, sem nos determos mais com sua volta ao mercado, nem com as novas formas que o capital assume na esfera de circulação, nem com as condições concretas da reprodução ocultas nessas formas. Por outro lado, consideramos o produtor capitalista como proprietário da mais-valia inteira ou, se se quiser, como representante de todos os participantes no butim" (K, 151).

[2] "Encaramos (...) de início a acumulação em abstrato, isto é, como mero momento do processo direto de produção" (K, 151).

de, 1) só como uma abstração; não como uma abstração arbitrária, senão uma abstração que capta a *differentia specifica* do capital em oposição a todas as demais formas da riqueza ou modos em que a produção (social) se desenvolve. Trata-se de determinações que são comuns a cada capital enquanto tal, ou que fazem de cada soma determinada de valores um capital. E as diferenças dentro desta abstração são igualmente particularidades abstratas que caracterizam toda espécie de capital, ao ser sua afirmação ou negação (por exemplo capital fixo ou capital circulante); 2) mas o capital em geral, diferenciado dos capitais reais em particular, é ele mesmo uma existência real" (G, 409-10).

Marx prendia-se, desse modo, não apenas a uma abstração que constitui uma "existência real", como a uma abstração que capta a *"differentia specifica* do capital em oposição a todas as demais formas de riqueza". O que estava em jogo na análise da reprodução e na formulação de leis de acumulação para o capital em geral, era justamente a diferenciação do capitalismo em relação aos demais modos de produção. Essa diferenciação vinha sendo o pano de fundo de todo o Livro Primeiro, em particular dos capítulos que tratam do processo de produção e da mais-valia absoluta e relativa, passando a receber agora um complemento, ou toque final, na formulação de uma "lei geral de acumulação" inerente ao capitalismo. Como se verá adiante, a "lei geral de acumulação" é formulada a partir da crítica severa às "leis de população" da economia política que, ao terem ignorado o que há de específico ao capitalismo, revelaram-se inadequadas para descrever o destino da classe trabalhadora sob o capital.

5.2 Produção e reprodução

O estabelecimento de uma "lei geral da acumulação" passa pela delimitação da temática reprodutiva, ou por uma análise daquilo que é especificamente pertinente à reprodução, entendida como distinta da produção, em si. Em *O Capital,* Marx valeu-se do expediente de distinguir a reprodução simples da acumulação. Na primeira, a produção processa-se reiteradamente à mesma escala, sendo toda a mais-valia utilizada como meio de desfrute pessoal do capitalista. A acumulação supõe o emprego de parte ou totalidade da mais-valia como novo capital produtivo, acrescido ao capital original.

Por que analisar a reprodução simples, uma aparente contradição em termos quando referida à natureza expansiva do capital? Simplesmente para, prescindindo das condições próprias à acumulação, fixar-se na reprodução como distinta da produção imediata, pois "(...) a mera repetição ou continuidade imprime ao processo certas características novas, ou, antes, dissolve as características aparentes que possui como episódio isolado" (K, 154).

As características inovadoras imediatamente postas pelo processo reprodutivo são duas. Primeiramente, nele o fundo de consumo dos trabalhadores ou capital variável aparece como produto do trabalho. A idéia é a de que o trabalhador produz não apenas mais-valia, como também seu próprio fundo de consumo[3]. Marx desejava destacar a especificidade do fundo de consumo dos trabalhadores que, se na relação de assalariamento aparece como capital, é apenas porque, na produção capitalista, a totalidade do produto do trabalho apresenta-se, findo o processo produtivo, como propriedade do capitalista[4]. No ato isolado de produção, o fundo de consumo apresenta-se sempre como capital; como algo de propriedade do capitalista, adiantado ao trabalhador no processo produtivo. É apenas ao considerarmos o fluxo ininterrupto de atos produtivos (a reprodução) que os meios de consumo do trabalhador reapareçam como produto do seu trabalho.

O mesmo ocorre com a totalidade do capital, e essa é a segunda característica apresentada pelo processo reprodutivo. Na medida

---

[3] "A classe capitalista dá à classe trabalhadora, sob forma monetária, títulos sobre parte do produto produzido por esta e apropriado por aquela" (K, 154).

[4] "O fundo de trabalho só flui constantemente para ele sob a forma de meios de pagamento de seu trabalho, porque seu próprio produto afasta-se constantemente dele sob a forma de capital" (K, 154).

em que toda a mais-valia é gasta como renda pelo capitalista, o fato de o capital original não se desgastar no decurso do processo reprodutivo mostra que todo o valor excedente foi aderindo ao capital, em substituição ao valor consumido. Portanto — conclui Marx — "abstraindo toda acumulação, a mera continuidade do processo de produção, ou a reprodução simples, transforma após um período mais ou menos longo necessariamente todo capital em capital acumulado ou mais-valia capitalizada" (K, 156).

Em suma, a análise do processo reprodutivo torna manifesto que todo o capital é mais-valia acumulada, ou fruto do trabalho não-pago. O trabalho produz a totalidade do capital, e não apenas a mais-valia imediatamente revelada no processo produtivo. A reprodução internaliza o capital como um resultado do processo de produção.

Esta é a diferença sensível entre processo de produção e processo de reprodução do capital. Naquele, encerrado na fórmula D-M-D', o capital aparece como um suposto do processo produtivo cuja origem se desconhece. Neste outro, o próprio processo produz o capital. No processo de produção, os supostos da produção capitalista são externos a ela, razão pela qual aparecem necessariamente postos na circulação. Na reprodução, independentemente das origens históricas e remotas do capital, as relações capitalistas são repostas no interior do processo. Nos *Grundrisse*, Marx sintetiza a distinção nos seguintes termos:

> "Na primeira apresentação, os próprios supostos apareceram advindos de fora, como provenientes da circulação, como supostos exteriores para o surgimento do capital; portanto, sem surgirem da existência interior deste, sem se poderem explicar a partir do próprio. Estes supostos extrínsecos aparecerão agora como momentos do próprio movimento do capital, de tal modo este os pressupõe como a seus próprios momentos — seja qual for sua verdadeira origem histórica" (G, 411).

Desse modo, a principal distinção entre processo de produção e de reprodução diz respeito ao fato de o capital aparecer como condição prévia ou como resultado do processo. Não por outra razão, Marx apresenta o capital na produção imediata (ou isolada) no interior e a partir do processo de circulação. A circulação pressupõe a propriedade, ou valores já constituídos. Ela não explica as origens da propriedade, muito menos caracteriza a natureza da propriedade capitalista. O capitalista aparece como proprietário de valores que, por nos referirmos à circulação, obteve através do intercâmbio ou, originariamente, do seu próprio trabalho.

No tocante à reprodução, ou à mais-valia capitalizada no processo reprodutivo (ou, conforme os *Grundrisse* — ao pluscapital), "(...) o capitalista representa o valor que é para si, o dinheiro, em seu terceiro aspecto, riqueza, mediante a simples apropriação de trabalho alheio, posto que cada elemento do pluscapital — material, instrumento, meios de subsistência — resulta de trabalho alheio, de que o capitalista não se apropria mediante o intercâmbio por valores existentes, senão sem intercâmbio" (G, 417). Já no que se refere ao capital original lançado à circulação para efeito de formação do valor adicional, ou de apropriação de trabalho alheio, a condição é apenas "(...) a troca de valores pertencentes ao capitalista, lançados por ele à circulação e acrescidos por ele à capacidade viva de trabalho. Trata-se de valores que não procedem de seu intercâmbio com o trabalho vivo nem de seu comportamento como capital frente ao trabalho" (G, 417).

Vale notar que a distinção entre produção e reprodução jamais pode ser referida à temporalidade: no primeiro período (produção) o capital seria suposto, e nos cronologicamente seguintes (reprodução) seria resultado do processo. A produção e a reprodução são momentos lógicos referidos à construção do conceito de capital e, por conseqüência, sempre estão presentes na produção capitalista. Toda vez que algum dinheiro aparece em cena como capital, visando à valorização, sua origem é desconhecida. O capital sempre aparece na produção como um valor constituído por procedimentos desconhecidos. A reprodução, assim como a produção é um processo real[5]. Trata-se do plano

---

[5] "Considerado em sua permanente conexão e constante fluxo de sua renovação, todo processo social de produção é, portanto, ao mesmo tempo, processo de reprodução" (K, 153).

no qual as relações sociais de produção aparecem como resultado do processo.

5.3 O processo de reprodução como reprodução das relações sociais

Pode parecer rebarbativo afirmar que as relações sociais capitalistas são permanentemente repostas no processo de reprodução, mas convém insistir no que Marx considerava o principal resultado da reprodução capitalista. Nesse sentido, a conclusão do capítulo XXI é bastante elucidativa:

> "O processo de produção capitalista, considerado como um todo articulado ou como processo de reprodução, produz por conseguinte não apenas a mercadoria, não apenas a mais-valia, mas produz e reproduz a própria relação capital, de um lado o capitalista, do outro o trabalhador assalariado" (K, 161).

As relações sociais aparecem como repostas apenas no processo de reprodução, simplesmente porque, no processo imediato e estanque de produção, bastava supor que um montante de valor era trocado no mercado por meios de produção e força de trabalho. O processo de produção tem por suposto apenas as relações mercantis. Naturalmente, o assalariamento supõe um trabalhador livre, vale dizer, supõe as bases da relação capitalista de produção. No entanto, o processo de produção nem formula a constituição histórica da classe trabalhadora (que pertence à acumulação primitiva), nem reposiciona o trabalhador enquanto proletário, na medida em que se encerra no simples valor acrescido. Como vimos, a produção tampouco situa o capital como trabalho não-pago acumulado, já que se encerra na produção de mais-valia.

É somente na reprodução que o capital aparece em seu aspecto específico de trabalho não-pago capitalizado. E, pelo ângulo oposto, o trabalho reafirma-se nela como indisponibilidade de riqueza material, já que "(...) o trabalhador sai do processo sempre como nele entrou — fonte pessoal de riqueza, mas despojado de todos os meios para tornar essa riqueza realidade para si" (K, 156). Enfim,

> "(...) como resultado do processo de produção e valorização apresenta-se antes de tudo a reprodução e nova produção da relação entre os próprios capital e trabalho, entre o capitalista e o trabalhador. Esta relação social, relação de produção, apresenta-se *in fact* como uma conseqüência do processo ainda mais significativa que suas conseqüências materiais" (G, 419).

Uma das conclusões que se pode extrair da distinção entre produção e reprodução é a de que, se o processo de reprodução repõe tanto as condições materiais quanto as condições sociais de produção — vale dizer, se repõe as condições de existência do regime burguês — não é necessário recorrermos à história para propormos leis econômicas. Basta supormos a reprodução. Marx afirmava nos *Grundrisse* que "Para analisar as leis da economia burguesa não é necessário (...) escrever a história real das relações de produção" (G, 422). Capital e trabalho assalariado são conseqüências obrigatórias do funcionamento da economia e, nessa medida, não é necessário recorrer-se à história para tê-los como pressupostos do movimento econômico.

Por outro lado, o mero movimento contínuo das categorias econômicas não explica a instauração do regime de produção. A reprodução somente repõe condições de produção preliminarmente constituídas. Daí a necessidade, extraprocesso do capital, de remeter-se o *fiat* das relações sociais à "acumulação primitiva", um processo (apenas) histórico.

Deixando de lado a acumulação primitiva, que não emerge do movimento lógico das categorias, o primeiro tomo de *O Capital* desdobra-se em três momentos, nos quais o capital se desenvolve de suas determinações mais simples até a lei geral de acumulação. No primeiro (circulação simples) as mercadorias vêm a constituir o dinheiro, ou a representação concentrada e tendente à autonomia do valor. No segundo (transformação do dinheiro em capital, ou produção de mais-valia) as relações sociais são supostas, aparecendo como resultado a valorização. No terceiro (reprodução), o capital resulta do processo e as relações sociais se repõem. Temos aqui a conclusão do processo de auto-exposição do capital e o ponto de acesso à análise da acumulação.

5.4 Leis de equivalência e leis de apropriação

N'*O Capital*, Marx estabeleceu uma distinção entre a reprodução simples e a acumulação de capital, de modo a ressaltar o que há de específico no processo capitalista de produção, quando enfocado reiterativamente. Nos *Grundrisse*, o ponto de partida da exposição incluía crise, realização do valor etc., fazendo com que a noção de reprodução fosse diretamente apresentada no quadro da acumulação do capital. A reprodução é considerada tendo em vista as frações do capital que se acrescem ao processo produtivo, havendo sido criadas nele (pluscapital I, pluscapital II...), uma situação que permite enunciar já conclusões expostas n'*O Capital* no âmbito da "conversão da mais-valia em capital" (cap. XXII).

Os resultados teóricos são os mesmos e de certo modo complementares. Conforme os *Grundrisse*, o suposto do pluscapital II (resultante da reconversão da mais-valia em capital em função) "(...) não é mais que a existência do pluscapital I; ou seja, em outras palavras, o suposto de que o capitalista já se apoderou de trabalho alheio, sem troca" (G, 418). O pluscapital I, no caso, representa o valor acrescido ao capital ao final do ciclo produtivo originalmente (ou isoladamente) considerado. O pluscapital II personifica o valor acrescido ao capital emanado do próprio processo reprodutivo.

Sob esse ângulo, o processo reprodutivo apresenta-se como uma apropriação de trabalho vivo, facultada ao capital por este se haver apropriado de trabalho vivo em momentos anteriores. Não há somente troca de equivalentes, e sim apropriação de trabalho não-pago. O ponto é esclarecido mediante a distinção entre troca e apropriação baseada em trabalho alheio:

> "Certamente, para criar o pluscapital II o capitalista teve que trocar uma parte do valor do plus-

capital I — sob a forma de meios de subsistência — por capacidade viva de trabalho, mas o que assim foi originariamente trocado não eram valores procedentes de seu próprio *fonds* e lançados à circulação, porém, trabalho objetivado alheio, do qual se apropriou sem entregar equivalente algum e o qual agora troca de novo por trabalho vivo alheio... A apropriação baseada em trabalho alheio apresenta-se agora como a condição simples de uma nova apropriação de trabalho alheio (...)" (G, 418).

Há um deslocamento das leis de propriedade. Na circulação simples, ou no plano do intercâmbio de mercadorias, as mercadorias sempre aparecem como propriedades havidas por meio de uma troca anterior, ou constituídas pelo trabalho. No processo de acumulação a propriedade aparece enfim como propriedade capitalista: direito a apropriar-se de trabalho alheio sem entrega de equivalentes. Do lado da capacidade de trabalho, por sua vez, o direito de propriedade transforma-se "(...) no dever de comportar-se frente a seu próprio trabalho ou seu próprio produto como se estivesse diante de uma propriedade alheia" (G, 419).

Na acumulação, consuma-se o divórcio entre propriedade e trabalho. O trabalho não constitui propriedade material (apenas reconstitui a força de trabalho como única propriedade individual do trabalhador) e o capital é, sobretudo, constituição de propriedade por meio de apropriação sem equivalência. N'*O Capital*, Marx diz que o divórcio entre propriedade e trabalho "(...) torna-se conseqüência necessária de uma lei [a lei do valor] que, aparentemente, originava-se em sua identidade" (K, 166).

Essa conclusão constitui o ponto culminante de uma conhecida passagem-síntese que é referência obrigatória no estudo da reprodução:

"(...) a lei da apropriação ou lei da propriedade privada, baseada na produção de mercadorias e na circulação de mercadorias, evidentemente se converte mediante sua própria dialética interna, inevitável, em seu contrário direto. O intercâmbio de equivalentes, que apareceu como a operação original, se torceu de tal modo que se troca apenas na aparência, pois, primeiro, a parte do capital que se troca por força de trabalho nada mais é que uma parte do produto de trabalho alheio, apropriado sem equivalente, e segundo, ela não somente é reposta por seu produtor, o trabalhador, como este tem de repô-la com novo excedente. A relação de intercâmbio entre capitalista e trabalhador torna-se portanto apenas mera aparência pertencente ao processo de circulação, mera forma, que é alheia ao próprio conteúdo e apenas o mistifica" (K, 166).

A passagem torna clara as relações entre a lei do valor e a lei de apropriação do regime capitalista, bem como entre a circulação, a produção e a reprodução capitalistas. No que toca ao intercâmbio entre capitalista e trabalhador, a lei do valor é "uma mera aparência pertencente ao processo de circulação". Aparência adequada, porque a circulação supõe equivalência, e daí a lei do valor ter sido formulada nesse contexto. Por outro lado, o regime capitalista envolve um desenvolvimento da lei de valor, sem romper com ela; ou seja, o regime capitalista supõe permanentemente a equivalência que embasa a circulação de mercadorias.

Mais ainda, a produção de mercadorias sempre coloca como contendores proprietários independentes. Não classes sociais, e nem o capital enquanto relação de expropriação. As relações sociais situam-se externamente ao processo de produção, sendo internalizadas apenas pelo processo de reprodução. Não podemos, conforme Marx, aplicar à produção de mercadorias uma pauta totalmente estranha a ela. O direito de propriedade vigora no regime capitalista, ainda que este se baseie fundamentalmente na expropriação. A despeito de o assalariamento envolver apropriação de trabalho não-pago, o regime capitalista é um regime de produção de mercadorias.

5.5 O capital e seu significado: ainda a polêmica com a economia política

O final do capítulo XXII de *O Capital* retoma a crítica da noção de capital da economia política, tendo em vista os novos horizontes abertos pela compreensão da acumulação. A retomada permite avançar nas discordâncias em relação ao pensamento clássico e no esclarecimento da concepção marxiana de capital.

Para Marx, o grande destaque conferido à conversão da mais-valia em capital foi uma das principais notas distintivas da economia política clássica. Acumular, no fundo, é gastar, e não subtrair tesouro à circulação. Por sua vez, nem todo gasto é acumulação; apenas aquele que envolve as atividades de trabalhadores produtivos.

No entanto, os economistas — Smith e Ricardo inclusive — extrapolaram dessa justa concepção de trabalho produtivo a conclusão equivocada de que "(...) toda a mais-valia transformada em capital tornar-se-ia capital variável" (K, 497). Identificaram indevidamente capital e fundo de consumo dos trabalhadores. Os adiantamentos de capital corresponderiam a meios materiais, ou a recursos indispensáveis ao consumo dos trabalhadores, o que leva à desconsideração dos meios de produção, ou da fração constante do valor do capital. A conclusão é de graves conseqüências na análise da reprodução do capital social.

Outra grande contribuição da economia política deu margem a mais um equívoco. Ao privilegiar a conversão da mais-valia em capital, os economistas contribuíram para que se fixasse no empreendedor a verdadeira imagem do capitalista. Poupar com vistas à acumulação passou a ser reconhecido como destino social do capitalista, que se distinguiria, desse modo, do apenas rico. Caberia ao capitalista executar a função social de acumular.

Nos primórdios da manufatura, o capitalista caracterizava-se pela frugalidade. Seu papel social — e a concorrência impõe a todos os capitalistas o papel social do capital — levava-o a distinguir-se dos nobres, ou dos rentistas fundiários, por meio do ânimo de poupador que a acumulação lhe impunha. Daí a cunhar-se uma "teoria da abstinência" para justificar os rendimentos do capital, vai apenas um passo. Marx atacou fortemente a Senior, por ter substituído a palavra *capital* por *abstinência*. Além de apologética, essa substituição embaralharia a devida caracterização social dos fundos destinados à reprodução. No capitalismo, tais fundos são capital, ou seja, valores constituídos por meio da apropriação de trabalho não-pago. Nos demais regimes de produção também pode haver fundos de reprodução ampliada, mas eles não são capital. Há uma "abstinência" sem haver "capitalista abstinente", porque não existe capital.

Ao final, na análise das "circunstâncias que contribuem para determinar o volume da acumulação", que sucede as duas críticas acima aludidas, Marx avança largamente no esclarecimento de sua concepção de capital. O objetivo é mostrar que o volume da acumulação independe da frugalidade do capitalista, que — pelo contrário — uma vez desenvolvida a potência fabril e concentrados os capitais pode conciliar um maior desfrute pessoal dos meios de vida com magnitudes acumuladas crescentes. A constatação é acompanhada por um exame geral de todas as circunstâncias que influenciam a acumulação, a saber: o grau de exploração da força de trabalho, as diferenças entre capital empregado e capital consumido, a magnitude do capital desembolsado.

Sem nos alongarmos nos detalhes da argumentação, basta mencionar que Marx retorna a duas determinações da relação capitalista que já haviam sido desenvolvidas anteriormente, referindo-as agora à acumulação. Em primeiro lugar, retorna à taxa de exploração, uma proporção entre mais-valia e capital variável, ou entre trabalho excedente e necessário. Essa taxa é a espinha dorsal da capacidade de acumular, pois define a verdadeira dimensão do fundo a ser repartido entre acumulação e renda, dada a magnitude do capital. Pois bem: a taxa de mais-valia pode crescer com grande elasticidade, seja porque se comprime a remuneração dos trabalhadores abaixo do valor da subsistência, seja porque os meios de subsistência passam a ser produzidos por uma fração rapidamente declinante do trabalho social, graças aos aumentos de produtividade. Tais aumentos podem facultar uma coexistência entre o crescimento material da cesta de subsistência (com redução do valor da força de trabalho), o acréscimo dos meios de desfrute do capitalista e o acréscimo dos valores e dos meios materiais lançados à acumulação.

Em segundo lugar, no capítulo XXII retoma-se uma questão antecipada na seção da mais-valia relativa e nos capítulos que distinguem os papéis dos elementos do capital na determinação do valor do produto, qual seja, a diferença entre transferir valor ao produto e participar do acréscimo de produtividade. A concentração dos meios de produção, característica da grande indústria, faz com que o valor transferido ao produto final a cada momento seja pequeno em face da magnitude dos meios de produção (equipamentos, instalações etc.). Não obstante os meios de produção gigantes transferirem pequena parcela de valor ao produto, participam integralmente da elevação da produtividade do trabalho. Chegam a anexar fatores gratuitos — forças da natureza, ciência — ao processo de trabalho, potenciando a acumulação. Cresce o "serviço gratuito do trabalho passado" (K, 184), em benefício da acumulação.

Tudo converge para que se considere o capital, não como uma magnitude fixa, mas como uma "parte elástica e, com a divisão da mais-valia em renda e capital adicional, constantemente flutuante da riqueza social" (K, 184). A variabilidade da taxa de mais-valia, a anexação das forças da natureza, conferem ao capital uma "(...) margem de ação independente de sua própria grandeza" (K, 185).

Essa é uma distinção importante em relação à economia política, que considera o capital social uma "grandeza fixa com um grau fixo de eficiência" (K, 185). Temos aqui um ponto de referência para efetuar a crítica à doutrina do "fundo de salário", que procura explicar o volume de emprego e a sorte da classe trabalhadora por meio da suposta rigidez dos meios de acumulação. E temos, sobretudo, uma contribuição decisiva para o entendimento dos elementos dinâmicos do sistema marxiano. O capital não apenas não deve ser entendido como coisa ou como objeto; por possuir uma natureza relacional referida à oposição entre trabalho vivo e trabalho morto e às condições concretas de exercício do processo de trabalho, tem de ser concebido como "fração elástica da riqueza social", em diversos sentidos. Essa conclusão é fundamental para a apreciação da lei geral de acumulação.

5.6 A lei geral da acumulação capitalista

A lei geral da acumulação capitalista diz respeito, em termos resumidos, à polarização entre miséria e riqueza social. Sua apresentação é de alguma complexidade, já que no capítulo XXIII estão condensados diversos temas, tratados ao longo do primeiro tomo de *O Capital*. A recapitulação desses temas e a maneira pela qual eles convergem na caracterização da lei geral não nos devem afastar do resultado final da lei: a antinomia trabalho vivo/riqueza objetiva.

Para Marx, o principal fator na investigação do impacto da acumulação sobre a classe trabalhadora é a composição do capital. A composição é a relação entre meios de produção e força de trabalho (composição técnica), ou entre capital constante e variável (composição em valor), e envolve tanto as condições técnicas do processo de trabalho, ou meios físicos de trabalho — número de trabalhadores, volume de meios de produção — quanto o valor dos elementos. Há uma interação recíproca entre os aspectos técnicos e de valor da composição do capital, reunidos na categoria-síntese composição orgânica do capital[6].

Naturalmente, uma elevação da composição orgânica do capital leva a que as frações adicionais do capital acumulado absorvam proporcionalmente menos trabalhadores. Na medida em que o aumento da composição orgânica seja uma característica geral do processo produtivo — o que ocorre no regime de maquinaria — verifica-se uma tendência à absorção proporcionalmente declinante de força de trabalho. Isso não significa que a acumulação acarrete imediatamente uma queda do volume de emprego, mas implica tendência à formação de uma população sobrante, ou seja, redundante em relação ao processo de produção e à valorização do capital.

---

[6] "(...) chamo a composição-valor do capital, à medida que é determinada por sua composição técnica e espelha suas modificações, de composição orgânica do capital "(K, 187).

Mais adiante trataremos com mais detalhes dessa tendência à redundância populacional. O que interessa no momento é o fato de a noção de composição orgânica remeter-nos à seção que trata da produção de mais-valia relativa, em particular ao capítulo XIII ("Maquinaria e Grande Indústria"). Assim, torna-se possível estabelecer uma conexão direta entre as temáticas da mais-valia relativa e da acumulação ou, de modo mais preciso, postular que a lei geral da acumulação capitalista representa uma reposição da temática da subordinação, no âmbito da reprodução.

A revisão de algumas das conclusões da seção da mais-valia relativa pode ilustrar a proposição. Ao tratar da dominância do regime de maquinaria e da mais-valia relativa enquanto forma preferencial de extração do trabalho excedente, Marx alertava para a possibilidade de que a população deslocada pelo progresso técnico não viesse a ser automaticamente absorvida pelo capital em novos segmentos da produção por ele apropriados ou por ele descobertos. Insurgia-se, no caso, contra a "teoria da compensação", conforme a qual o capital tornado livre pelo deslocamento de mão-de-obra viria a ocupar força de trabalho adicional, e remetia a análise das conseqüências do deslocamento da mão-de-obra pela maquinaria à seção que estuda a reprodução e a acumulação[7].

No que se refere a emprego, o saldo final do processo de acumulação é referido no capítulo XIII à composição orgânica do capital social, um conceito aí apresentado pela primeira vez. Ao comentar nesse capítulo a penetração da maquinaria nos segmentos fornecedores de meios de produção, Marx concluía:

> "Até que ponto cresce, em função disso, a massa de trabalhadores ocupados depende, dadas a

---

[7] "Os fatos verdadeiros, travestidos pelo otimismo econômico, são estes: os trabalhadores deslocados pela maquinaria são jogados da oficina para o mercado de trabalho, aumentando o número de forças de trabalho já disponíveis para a exploração capitalista. Na Seção VII vai-se mostrar que esse efeito da maquinaria, que nos é aqui apresentado como uma compensação para a classe trabalhadora, atinge o trabalhador como o mais temível dos flagelos" (K, 56).

duração da jornada de trabalho e a intensidade do trabalho, da composição dos capitais aplicados, ou seja, da relação entre suas componentes constante e variável" (K, 58).

Dois outros temas também são diretamente transportados do capítulo XIII para a lei geral da acumulação. Um deles relaciona-se à instabilidade da acumulação e ao ciclo econômico. Marx rediscute a miséria da classe trabalhadora durante a depressão econômica, retomando a preocupação do jovem Engels. O regime de maquinaria teria encurtado o período cíclico; se cabe reconhecer que nos momentos de expansão os salários e as condições de vida melhoram, no refluxo do ciclo industrial a própria obtenção de emprego é improvável. A reabsorção da mão-de-obra tornada redundante pelo aumento da composição orgânica torna-se duvidosa.

Outro tema é o da subordinação em si. A maquinaria consuma a subordinação do trabalho ao capital. Agora, são as condições de trabalho que comandam o trabalhador, e não o contrário. No regime de maquinaria, essa é uma realidade "tecnicamente palpável" (K, 43). A subordinação torna-se real, adequada ao processo de produção de valor e objetivada nos meios de produção, que se transformam em meios de comando sobre o trabalhador. Em tais condições, sejam miseráveis ou confortáveis as condições de vida da população trabalhadora, o trabalho permanece inexoravelmente incluído no processo do capital, mesmo porque a própria noção de trabalho natural (afastado dos meios mecânicos de produção) deixa de ter sentido. Só pode haver trabalho no processo do capital, situação imposta não somente pela indisponibilidade de meios de vida fora da relação de assalariamento como pela tecnificação obrigatória dos meios de trabalho.

Essa é a temática transportada para o universo da reprodução. De modo a enfatizar a reiteração da subordinação, no âmbito da acumulação do capital, Marx parte de uma situação limite, acumulação com invariabilidade da composição orgânica do capital. Mesmo nessa situação — a mais favorável para a classe trabalhadora, do ponto de vista da criação de postos de trabalho

— ocorre somente reprodução do regime do capital "em escala ampliada" (K, 188), criando-se "mais capitalistas ou capitalistas maiores neste pólo, mais assalariados naquele" (K, 188). "Acumulação do capital é, portanto, multiplicação do proletariado" (K, 188), conclui Marx, reforçando a temática da subordinação.

A suposição de acumulação com composição orgânica constante, entretanto, não é um expediente somente reiterativo dos conteúdos apresentados na seção da mais-valia relativa. A análise das relações entre salário e acumulação do capital dá margem às considerações iniciais que conduzirão à formulação de uma "lei de população" adequada à sociabilidade capitalista e contraposta à lei malthusiana de população. O objetivo é o de demonstrar que, mesmo na situação mais favorável aos trabalhadores (composição orgânica constante), o crescimento da acumulação não ameaça o regime do capital. A acumulação capitalista garante a si própria. São as variações na acumulação que determinam as variações de emprego e salário. No fundo, trate-se de uma relação "entre o trabalho não-pago, transformado em capital, e o trabalho adicional necessário à movimentação do capital adicional" (K, 193). Não existe uma contraposição entre dois fatores independentes — capital e população trabalhadora — senão "a relação entre o trabalho não-pago e o trabalho pago da mesma população trabalhadora" (K, 193). Uma relação inteiramente interna ao processo do capital e, em conseqüência, reiterativa da subordinação.

5.7 A lei geral da acumulação capitalista: o exército industrial de reserva

No regime especificamente capitalista de produção a composição orgânica do capital cresce em grande velocidade. Mais adiante retomaremos a discussão dos fatores que elevam a composição orgânica do capital em todos os ramos de produção. No momento, o que interessa é o resultado:

> "(...) a acumulação capitalista produz constantemente e isso em proporção a sua energia e às suas dimensões — uma população trabalhadora

adicional relativamente supérflua ou subsidiária, ao menos no concernente às necessidades de aproveitamento por parte do capital" (K, 199).

O processo não é uniforme ou linear, uma vez que depende das condições técnicas de produção e da concorrência nos diversos segmentos da produção industrial. De todo modo, a criação de uma população sobrante em relação às necessidades da acumulação é uma tendência a tal ponto dominante que se converte em "lei populacional peculiar ao modo de produção capitalista" (K, 200). Essa lei — e não as leis naturais ou abstratas de população utilizadas pelos economistas — é produto e simultaneamente fator de potenciação da acumulação. A criação de um exército industrial de reserva, contingente "que pertence ao capital de maneira tão absoluta como se ele o tivesse criado à sua própria custa" (K, 200) faculta ao capital a capacidade expansiva súbita inerente às condições modernas de concorrência, ou seja, é "condição de vida da indústria moderna" (K, 201).

A composição orgânica crescente e a decorrente formação de um exército industrial de reserva possibilitam ao capital liberar-se totalmente das barreiras materiais à acumulação. Por um lado, a disponibilidade de mão-de-obra é assegurada, pois sempre haverá (ou poderão ser criados) bolsões de população inativa. Por outro lado, a determinação dos salários deixa de ser exercida por meio de uma relação entre capital acumulado e população trabalhadora disponível, e passa a ser regulada pelo exército industrial de reserva[8].

Marx subordina a dinâmica salarial às relações entre o exército ativo e o de reserva, vale dizer, às relações entre a população requerida pelo processo de acumulação e aquela tornada redun-

---

[8] "Grosso modo, os movimentos gerais do salário são exclusivamente regulados pela expansão e contração do exército industrial de reserva, que correspondem à mudança periódica do ciclo industrial. Não são, portanto, determinados pelo movimento do número absoluto da população trabalhadora, mas pela proporção variável em que a classe trabalhadora se divide em exército ativo e exército de reserva, pelo acréscimo e decréscimo da dimensão relativa da superpopulação, pelo grau em que ela é ora absorvida, ora liberada" (K, 204).

dante por ele próprio[9]. A lei da oferta e demanda de trabalho passa a estar inteiramente condicionada ao capital que, ao criar redundância populacional, tanto determina a demanda quanto a oferta, ocasionando, em conseqüência, o rompimento das últimas barreiras de resistência da classe trabalhadora[10].

O conceito de exército industrial de reserva e a análise de suas diversas modalidades de existência põem um fecho na temática da subordinação. O intento de Marx é demonstrar que, na medida em que a acumulação e os aumentos da composição orgânica estimulam-se mutuamente "(...) a situação do trabalhador, qualquer que seja seu pagamento, alto ou baixo, tem de piorar" (K, 210). A lei de equilíbrio entre acumulação e superpopulação relativa "ocasiona uma acumulação de miséria correspondente à acumulação de capital" (K, 210). Essa lei ressalta o caráter antagônico da acumulação capitalista, e é uma lei de miséria no sentido amplo: no sentido de afastamento da riqueza objetiva e no de pauperização material, já que algumas das modalidades de existência do exército de reserva subentendem privação regular e absoluta de acesso a meios de vida.

O exército industrial de reserva — uma decorrência e um fator da acumulação — consuma a subordinação enquanto processo, isto é, naquilo que se articula à acumulação de capital. A rigor, o exército industrial de reserva é a forma de organização da população trabalhadora disposta pela acumulação. Ele assume diversas manifestações históricas concretas, em conformidade com os processos reais de acumulação, mas, enquanto conceito, condensa as determinações econômicas da acumulação capitalista entendida como processo genérico de contraposição entre trabalho e riqueza objetivada. Daí que a lei geral da acumulação capitalista possua o seguinte enunciado sintético:

"Quanto maiores a riqueza social, o capital em funcionamento, o volume e a energia de seu cres-

---

[9] "A superpopulação relativa é, portanto, o pano de fundo sobre o qual a lei da oferta e da procura de mão-de-obra se movimenta" (K, 205).

[10] "O movimento da lei da demanda e oferta de trabalho completa (...) o despotismo do capital" (K, 206).

cimento, portanto também a grandeza absoluta do proletariado e a força produtiva de seu trabalho, tanto maior o exército industrial de reserva" (K, 209).

5.8 Acumulação, concentração, centralização, concorrência

Na análise das relações entre acumulação e exército industrial de reserva foi suposto um aumento disseminado e geral da composição orgânica do capital, passando-se ao largo de considerações sobre a natureza e o ritmo desse aumento. Na realidade, transitamos das características do regime de maquinaria diretamente para as conseqüências sobre a acumulação, desconsiderando algumas das mediações que se interpõem entre sistema fabril, elevação da composição orgânica e exército de reserva.

Essas mediações constam do item 2 do capítulo XXIII, no qual Marx se propõe a discutir o "Decréscimo relativo da parte variável do capital com o progresso da acumulação e da concentração que a acompanha". Lá, a lei de aumento do capital constante em relação ao variável é referida a características técnicas do processo de trabalho. A produtividade do trabalho é relacionada diretamente à massa dos meios de produção convertidos em produto por unidade de tempo, em uma relação de causa e efeito recíprocos que desembocam em "decréscimo da grandeza do fator subjetivo do processo de trabalho, em comparação com seus fatores objetivos" (K, 194), acarretando alterações na composição do capital, ainda que não na mesma proporção.

A produção em grande escala, e mais ainda a produção maquinofatureira, que envolve aumento na composição orgânica, supõem uma prévia concentração de meios de produção. Os métodos capitalistas de produção aí originados constituem, por sua vez, meios para acumulação e aumento da escala de produção, ocasionando elevação da composição técnica do capital[11].

---

[11] "(...) com a acumulação de capital desenvolve-se, portanto, o

Temos aqui a acumulação como concentração (e vice-versa) e a acumulação como aumento da composição orgânica, a partir de uma base técnica que já supõe meios de produção concentrados. Ao lado dessa tendência concentradora atuam forças centrífugas. Os capitais dispersam-se e se fragmentam por vários meios (heranças, subdivisão de negócios) e, além disso, a repulsão é inerente ao próprio fato de a concentração caracterizar-se pelo enfrentamento entre as diversas unidades individuais de capital[12]. A fragmentação abre espaços para a "concentração dos capitais existentes" ou centralização, que se processa no interior dos limites da acumulação, ou do "crescimento absoluto da riqueza social" (K, 196). A centralização amplia os horizontes traçados pela acumulação, permitindo saltos nas unidades produtivas e acesso a escalas que jamais seriam atingidas por um crescimento natural dos capitais.

Marx tem em vista os modernos instrumentos de centralização e concorrência: o crédito, a sociedade por ações. Simultaneamente, a fragmentação e a repulsão das unidades de capital proporcionam a necessidade e os meios para a apropriação contínua de novas esferas de produção pelo capital. Isso tanto implica incorporação renovada de trabalhadores ao processo do capital, como criação renovada de população sobrante, na medida em que as elevações na composição orgânica passam a se estender pelos diversos segmentos da atividade produtiva.

Em suma, o processo de acumulação assume características cíclicas e comporta diversos ritmos e tendências, ao sabor da concorrência e das transformações na estrutura técnica produtiva. A tensão entre a concentração, a fragmentação e a centralização faz com que a elevação da composição orgânica se processe ora por

---

modo de produção especificamente capitalista e, com o modo de produção especificamente capitalista, a acumulação do capital. Esses dois fatores econômicos criam, de acordo com a relação conjugada dos impulsos que eles se dão mutuamente, a mudança na composição técnica do capital pela qual a componente variável se torna cada vez menor comparada à constante" (K, 196).

[12] "(...) a parte do capital social, localizada em cada esfera específica da produção, está repartida entre muitos capitalistas, que se confrontam como produtores de mercadorias independentes e reciprocamente concorrentes" (K, 196).

surtos, ora lentamente; às vezes concentrada em alguns segmentos da produção industrial, e outras vezes distribuída de modo mais homogêneo.

O exército industrial de reserva faculta a existência desses ritmos e tendências diversos, ao assegurar a disponibilidade de mão-de-obra em todas as situações. Por sua vez — e reciprocamente — as flutuações da taxa de acumulação e do padrão da absorção de trabalhadores, ao variar a composição orgânica, vão moldando o exército industrial de reserva enquanto base populacional adequada à acumulação capitalista. Se o capital é "fração elástica da riqueza social", a existência de um exército de reserva é sua condição indispensável. Isso molda a subordinação real, e incide fortemente sobre o destino da classe trabalhadora.

6
Lucro e taxa de lucro média: os preços de produção

6.1 O lucro como forma mistificada de mais-valia; o preço de custo

No Livro III, Marx propõe-se a expor "(...) as formas concretas que surgem do processo de movimento do capital, considerado como um todo" (K, 23), acercando-se das configurações do capital, tal como "(...) se aproximam (...), passo a passo, da forma em que elas mesmas aparecem na superfície da sociedade, na ação dos diferentes capitais entre si, na concorrência e na consciência costumeira dos agentes da produção" (K, 23).
A aproximação à "superfície" proporcionaria um acercamento aos fenômenos postos pela diversidade dos capitais, mediante a concorrência, e por esse meio a oportunidade de proceder a uma ampla crítica das categorias econômicas mistificadoras da economia política, a começar pelo lucro. O objetivo de Marx parece ter sido o de retornar às considerações sobre lucro e taxa de lucro apresentadas no Livro I, dando um fecho à exposição da teoria do valor-trabalho e complementando a explicitação das suas diferenças em relação a Ricardo.
A complementação à apresentação do lucro como uma forma mistificada de excedente principia no Livro III pela distinção entre custo capitalista e custo real. O custo capitalista, ou preço de custo da mercadoria, representa para Marx a medida do dispêndio do capital, e abrange o capital variável e a parcela do capital cons-

tante cujo valor se transfere ao produto. Difere quantitativamente do valor ou custo real (ou custo em trabalho), na proporção em que este último incorpora também a parcela de valor representada pela mais-valia.

A categoria preço de custo aboliria diferenças importantes na caracterização do excedente como trabalho não-pago, já que, em relação a ela, o capital constante e o variável aparecem apenas como dispêndios indistintos em capital produtivo, independentemente de suas respectivas funções. Justaposta ao preço de custo, a mais-valia necessariamente representa um acréscimo de valor em relação a todo o capital desgastado, escondendo a fonte constitutiva do valor. E, como na fórmula do custo capitalista todo o capital aparece como a fonte do produto excedente, a rigor a mais-valia nela se reporta à totalidade do capital desembolsado (inclusive a parcela de capital fixo cujo valor não se transferiu ao produto). "Como tal descendente imaginário do capital global adiantado, a mais-valia recebe a forma transmutada de lucro" (K, 29). Vale dizer, o lucro é a mais-valia posta em relação com todo o capital, quando capital constante e variável nada mais são do que parcelas do preço de custo. Trata-se de uma forma mistificada, conforme Marx, mas adequada e necessária ao regime de produção capitalista, já que a reprodução do sistema converte o desgaste dos meios de produção e o valor da força de trabalho em custo capitalista de produção.

Deve-se notar que a distinção entre custo capitalista e custo em trabalho representa uma tentativa de aproximação ao debate sobre as relações entre custo, valor e preço que domina a economia política clássica. A matéria envolve várias questões, quase todas presentes na *Riqueza das Nações* e desenvolvidas em obras subseqüentes.

Smith distinguia claramente entre o valor (preço natural), os preços de mercado e a medida relativa de valor pressuposta no intercâmbio entre mercadorias. Além disso, ao tratar da sociabilidade capitalista e do lucro, seu elemento distintivo, desmembrava a riqueza (valor, para Smith) em suas partes constitutivas, ou rendimentos (salários, lucros, renda da terra), procurando compatibilizar o valor (preço natural) com a soma dos rendimentos. O lucro compunha o valor, que passa a depender da taxa de lucro, ou dos rendimentos em geral. É bem conhecida a crítica de Ricardo e Marx à circularidade da argumentação de Smith — para o qual o valor depende dos custos e os custos dependem da taxa média de remuneração — mas nunca é demais ressaltar que essa dependência existia em um contexto estrito: o do valor (ou preço) como medida da intercambiabilidade capitalista, envolvendo portanto a taxa média de lucro ou a remuneração dos capitais por uma "taxa social" ou taxa de sustentação do sistema, no caso determinada "pela concorrência". O custo da mercadoria denota "esforço e sacrifício" — representa um preço natural — e, por outro lado, denota o cerne da sociabilidade capitalista: orientação pelo lucro médio.

Ricardo, como é sabido, divergiu de Smith ao distinguir radicalmente o valor ou preço natural, imediatamente identificado com relações de troca, das parcelas distributivas, inclusive a taxa de lucro. Para Ricardo, o valor se determina à margem das relações distributivas e, nesta medida, o custo pode ser inequivocamente expresso em trabalho, a despeito da existência de uma taxa de lucro do sistema.

A posição de Ricardo foi contestada por seus contemporâneos, por supostamente fazer caso omisso do lucro na determinação das relações de troca. Entre outros, Malthus sustentou que o valor relativo das mercadorias deveria levar em conta o dispêndio de capital e o lucro médio. O trabalho seria no máximo uma medida imperfeita de valor e jamais, por si só, fonte do valor ou elemento explicativo das proporções de troca. Na formulação de Malthus, a intercambiabilidade envolveria o lucro contido nas mercadorias.

Ricardo contestou Malthus, mas são bem conhecidos seus embaraços ao explicar a determinação do valor relativo pelo trabalho, quando se consideram mercadorias produzidas com diversas combinações de capital fixo e capital circulante. Nesse caso, as variações na taxa de lucro afetariam o valor relativo das mercadorias, o que colide com a exclusividade do trabalho na determinação do valor. Embora retirasse em um primeiro momento o elemento capitalista da configuração da norma mercantil, dissociando valor e preço de custo (entendido como preço que leva em conta a taxa de lucro média), Ricardo hesitou ao tratar dos efeitos da mudança da taxa de lucro sobre capitais de distintas combinações de capital fixo e circulante.

Esse debate impregna a concepção marxiana de preços de produção, e de certo modo preside a apresentação do "problema da transformação". Ao distinguir o preço de custo do valor, Marx pretendeu responder ao dilema ricardiano, sem fugir às relações entre valor e taxa de lucro, ou entre norma mercantil e intercambiabilidade capitalista. Conforme veremos mais adiante, tal objetivo requer uma especificação da distinção entre preço e valor, que possibilitará a postulação de que a inexistência de coincidência entre eles não constitui um fato fortuito, mas sim uma regularidade do capitalismo, decorrente da diversidade de composições orgânicas dos capitais.

Vale notar que ao desdobrar o valor do produto em custo capitalista e lucro, Marx abriu espaço para a análise das diferenças entre preço e valor pertinentes apenas à distinção entre mais-valia e lucro. A forma preço subentende em si divergências entre preço e valor, mas a forma preço de produção cinge-se a uma divergência específica: aquela existente entre mais-valia e lucro, advinda da existência de capitais com composição orgânica distinta.

O sistema de preços de produção combinaria uma crítica à mistificação, ao complementar a análise das diferenças entre lucro e mais-valia, com a aproximação a regras positivas de formação de preços relativos no capitalismo, ao levar em conta a remuneração dos capitais. Deixamos para depois o comentário mais detido sobre o significado da aproximação às regras positivas, mas desde já convém ressaltar a centralidade da temática dos preços de produção para a teoria marxiana do valor. Nas *Teorias sobre a Mais-Valia*, isso fica bem evidenciado nos extensos comentários à teoria ricardiana da renda diferencial e dos lucros. Marx entendia que a versão ricardiana da teoria da renda (que não admite a existência de renda absoluta), e as dificuldades na demonstração da prevalência da lei do valor quando se consideram capitais com distintas composições orgânicas, decorrem de uma compreensão incompleta e equivocada do princípio do valor-trabalho.

No decorrer desta exposição voltaremos aos comentários de

Marx a Ricardo, mas, a título de introdução e de modo a explicitar os contornos da questão, vale antecipar que sua crítica abrangia pelo menos três pontos de grande importância: *i)* a diferenciação entre indivíduo e gênero na formação da lei do valor; *ii)* a distinção entre valor e preço médio, ou social; *iii)* a contradição entre a existência de uma taxa geral de lucro e a determinação do valor pelo tempo de trabalho.

A diferenciação entre valor individual e valor social na produção de uma mesma mercadoria (ou no interior de uma mesma esfera de produção) é um dos aspectos dominantes na versão marxiana da lei do valor. Enquanto norma social, o valor corresponde às condições médias ou dominantes de produção, o que não elide a permanente diferenciação entre as capacidades produtivas individuais dos capitais. É a diferença entre o indivíduo e a norma sancionada pelo mercado que dá margem ao lucro extraordinário do produtor situado em condições mais vantajosas que a média, ou (na agricultura) à renda diferencial. Ainda que se admita uma equivalência entre preços e valores, e sem ser necessário recorrer à hipótese ricardiana de fixação da norma social pelas piores condições de produção, a posição de Marx torna compatíveis uma taxa geral de lucro determinada pelas condições gerais de produção e retornos proporcionalmente distintos para os capitais (ou a renda diferencial). Em suma, a norma social — ou norma sancionada pelo mercado — compreende capitais de diferentes capacidades produtivas e, em conseqüência, valores e taxas de lucro individuais diversificados dentro de uma mesma esfera de produção.

Por sua vez, a distinção entre valor (norma social) e preço médio, ou preço de produção, diz respeito à contraposição entre custo em trabalho e custo capitalista. O preço médio reporta-se ao custo capitalista, vale dizer, envolve desembolso de capital constante e variável, além do tempo de trabalho contido no lucro médio. Para Marx, é impossível o sistema ricardiano admitir a existência de renda absoluta devido à equiparação, nele existente, entre preço médio e valor. A renda absoluta sempre pressupõe valores mais altos que o preço médio[1]. Já a admissão de renda diferencial

---

[1] Para Ricardo, "Admitir a renda absoluta seria como reconhe-

não colidiria com a determinação do valor pelo trabalho porque a distinção entre valores e preços é aí atribuída à dominância das piores condições de produção na determinação do preço de mercado. Neste caso, a uniformização da taxa de lucro exige a subtração de uma parcela do valor como excedente, na forma de renda diferencial. Em suma, a renda absoluta pressupõe a admissão de divergências sistemáticas entre valores e preços sociais, divergências que estarão na base da formação do sistema de preços de produção.

Finalmente, Marx critica Ricardo por não reconhecer a contradição entre a existência de uma taxa geral de lucro e a determinação dos valores pelo tempo de trabalho. A coexistência entre capitais aplicados em condições distintas quanto à composição orgânica exige uma transformação nas regras de intercâmbio. Os embaraços de Ricardo na determinação dos valores relativos quando se altera a distribuição de renda provêm, segundo Marx, da indistinção entre valores e preços que levam em consideração o lucro médio.

Em síntese, a temática dos preços de custo, ou da mediação entre valores e preços de produção, reúne os principais elementos da objeção de Marx à teoria ricardiana do valor e dos lucros, e combina lei do valor e sociabilidade capitalista, na forma de uma explicitação das relações entre valor, preços, custos. Marx a entendia como um momento decisivo na crítica à economia política clássica.

Por outro lado, não há dúvida de que a necessidade de distinguir a norma mercantil da norma capitalista, tal como evidenciada na disjuntiva valores/preços de produção, foi um dos fatores preponderantes na elaboração da ordem expositiva de *O Capital*. A complexidade da temática da taxa de lucro e as inúmeras mediações por ela requeridas levaram Marx à opção radical de tomar a mercadoria como ponto de referência absoluto para a exposição da teoria do valor, excluindo-se qualquer mediação do

---

cer que a mesma quantidade de trabalho (...) cria distintos valores (...). Reconhecer esta diversidade do valor — ainda que nas diferentes esferas de produção materializa-se no produto o mesmo tempo de trabalho — equivaleria a reconhecer que não é o tempo de trabalho que determina o valor (...)" (TMV, 111).

capital (e da taxa de lucro). Isso explica a organização do Livro I de *O Capital*, e também serve como advertência ao fato de que a aproximação "a superfície" imporia o imenso desafio de compatibilizar as variadas dimensões do fenômeno econômico, essência e formas transfiguradas.

6.2 A taxa de lucro

De acordo com Marx, o lucro e a taxa de lucro são fenômenos da "superfície", formas mistificadas da relação social, em que o capital aparece como uma relação consigo mesmo e nas quais, além disso, a possibilidade de incongruência entre preço e valor, proporcionada pela concorrência, reforça a aparência do lucro como algo determinado no confronto entre os capitais, no mercado e à parte da relação capital/trabalho. As relações efetivas de troca entre as mercadorias determinam lucros que excedem ou se situam aquém da mais-valia produzida pelos capitais individuais; nessa ótica, os lucros dissociam-se quantitativa e qualitativamente do trabalho não-pago, emergindo como uma remuneração do capital posta "pela concorrência", e não pelas condições objetivas de produção.

Vale notar que, nas duas primeiras seções do Livro III, a preocupação com as transfigurações sofridas pelas categorias quando nos aproximamos da "superfície" não se estende ao "mercado" em geral. O foco é mais restrito, e a crítica à mistificação das categorias econômicas bem localizada, embora de grande importância. Marx pretende analisar as relações entre a taxa de lucro e a taxa de mais-valia ao nível do capital industrial; em particular, os efeitos da existência de capitais com composição orgânica distinta sobre a taxa de lucro. O tema é o efeito da diversidade de composições orgânicas sobre a remuneração das unidades individuais do capital industrial social, e não o conjunto de circunstâncias em que os preços divergem dos valores.

Como é sabido, dada a taxa de mais-valia, as taxas de lucro de capitais de período de rotação e/ou de composição orgânica distintas serão diversas. Embora a taxa de mais-valia e a taxa de lucro guardem entre si a relação de fenômenos de "essência" e de "aparência", diferenças na rotação e na composição técnica e orgânica introduzirão alterações na taxa de lucro, independentemente da estabilidade da taxa de mais-valia. À parte as flutuações de preços reais de mercado e as conseqüentes variações transitórias nas taxas de lucro de capitais particulares, um fator primário e inerente à estrutura produtiva estabeleceria diversidade na remuneração dos capitais.

Marx, naturalmente, procura dar resposta ao dilema ricardiano: como conciliar a formação do valor pelo tempo de trabalho com a existência de capitais com composição orgânica distinta? Se a taxa de lucro é uniforme, de que modo assegurar que mercadorias produzidas por capitais de distintas relações capital variável/capital constante trocam-se conforme as dotações relativas de trabalho? Ou troca conforme o tempo de trabalho, ou diversidade de taxas de lucro, diversidade que "(...) não existe nem poderia existir sem abalar todo o sistema de produção capitalista" (K, 118). A regra de igual remuneração para os mesmos valores-capital é entendida por Marx (tal como pelos economistas) como uma condição de existência do sistema. Parece haver incompatibilidade entre a teoria do valor e "os fenômenos factuais da produção" (K, 118).

A transformação de valores em preços de produção representa justamente a tentativa de contornar a incompatibilidade, reconciliando a norma social mercantil (valor conforme o tempo de trabalho) com a norma social capitalista (idêntica remuneração para os capitais). No capítulo IX, e por intermédio de uma ilustração numérica, Marx mostra como se forma a taxa geral de lucro. A idéia básica é muito simples: tomando-se capitais com idêntica taxa de mais-valia e prescindindo da diversidade de períodos de produção, a igualdade da taxa de lucro será obtida transferindo-se mais-valia dos capitais com composição orgânica baixa e taxa de lucro acima da média social para os capitais com composição orgânica alta e taxa de lucro inferior à média social.

O critério de transferência de mais-valia é o acréscimo de valor (lucro) ao preço de custo das mercadorias, em montante suficiente para assegurar aos capitais a obtenção da taxa média de lucro. Os preços assim obtidos, ou *preços de produção,* serão os preços que proporcionam aos capitais a taxa média de lucro, a despeito da diversidade de composições orgânicas.

As peculiaridades da solução de Marx, nesses termos, são: *a)* os preços de custo formam a base dos preços de produção; vale dizer, apenas a mais-valia é redistribuída, respeitado o preço de custo como uma espécie de piso mínimo de valor; *b)* a taxa de lucro média, ou geral, é obtida considerando-se todos os capitais envolvidos na produção (suas composições orgânicas; seus pesos relativos). Trata-se de uma média das inúmeras taxas particulares ou setoriais de lucro, calculadas a partir dos valores, ponderada pelo peso relativo dos capitais; *c)* tanto valores quanto preços de produção têm como unidade de medida tempo de trabalho e; *d)* finalmente, como resultado do método estabelecido — redistribuição apenas da mais-valia social, respeitado como uma espécie de rendimento mínimo o preço de custo de cada capital — haverá igualdade entre a soma de mais-valia e de lucro pós-transformação, resultando nula a soma setor a setor das diferenças entre valores e preços de produção. Naturalmente, a soma dos preços de produção das mercadorias equivalerá ao valor total produzido.

Marx retira do sistema de formação da taxa de lucro média, ou da transformação dos valores em preço de produção, duas conclusões principais, expostas ainda no capítulo IX. Primeiramente, a conclusão de que

> "Os diversos capitalistas figuram aqui, no que se refere ao lucro, como meros acionistas de uma sociedade anônima, em que as participações no lucro se distribuem uniformemente para cada 100, de modo que elas se distinguem, para os diversos capitalistas, apenas pela grandeza do capital que cada um investiu no empreendimento global, por sua participação proporcional no empreendimento global, pelo número de suas ações" (K, 124).

A imagem do capital como sociedade por ações é recorrente em Marx, ilustrando a concepção de que o capital adiantado reclama retorno uniforme (daí o lucro como "dividendo") e a imagem dos capitalistas como uma irmandade, na qual o ganho individual depende do êxito coletivo, ou da taxa de lucro média. O interesse na exploração direta dos trabalhadores, no nível de cada unidade produtiva, limita-se à mais-valia extraordinária. A nivelação da taxa de lucro e a regra da transformação mostrariam que há um fundamento concreto para a solidariedade de classe capitalista. Em termos econômicos, o ganho de cada capitalista depende da taxa média de lucro e, por extensão, da taxa geral de exploração que a determina, dada a composição orgânica média.

Em segundo lugar, Marx acredita que a redistribuição da mais-valia implícita na formação da taxa de lucro média acrescenta um arremate à mistificação das categorias econômicas. Se já ao reportar-se a preço de custo o lucro aparecia como algo externo ao valor da mercadoria, "agora essa idéia fica plenamente confirmada, consolidada, ossificada, uma vez que o lucro adicionado ao preço de custo, considerando-se cada esfera particular da produção, não é determinado, de fato, pelos limites da formação de valor que se dá dentro dela mesma, mas é fixado de modo inteiramente externo" (K, 130). No preço de produção, a fração de valor que se agrega ao preço de custo a título de lucro nada tem a ver com o valor das mercadorias imediatamente produzidas pelo capital. Essa mistificação, cabe ressaltar, não se deve às flutuações de mercado ou a ocorrências fortuitas, senão a uma norma do sistema econômico: mesma remuneração a capitais de igual magnitude. Como todas as formas mistificadas, também esta possui uma base objetiva, impondo-se por tal razão ao capitalista individual (e aos economistas) como verdade. A imposição de uma norma de apropriação em que a parcela representada pelo lucro nada tem a ver com as condições de produção no setor obscureceria o papel do trabalho na formação do valor e do valor excedente.

6.3 Concorrência e nivelação da taxa de lucro

A compensação dos lucros para formar a taxa de lucro média recebe um tratamento apenas formal no capítulo IX do Livro III de *O Capital*, onde se situa a famosa ilustração numérica da transformação de valores em preços de produção. Ela tem por pressuposto a migração de capitais de esferas de produção em que a taxa de lucro é baixa para aquelas em que se situa acima da média, não sendo explicitados os mecanismos reais de migração. A noção prevalecente de concorrência é formal, e não disruptiva, e cumpre papel heurístico: dado o conceito (taxa de lucro média) os capitais devem mover-se entre as esferas de composição distinta, ou seja, adequar-se ao conceito.

No contexto do capítulo IX, não poderia deixar de ser meramente formal a noção de concorrência. Os capitais são aí caracterizados exclusivamente em função das esferas de produção em que se encontram, e as esferas de produção definidas apenas pelo nível da composição orgânica do capital. É admissível que haja de fato uma correspondência entre a base técnica produtiva e o nível da composição orgânica, mas as diferenças ou semelhanças na última não identificam agrupamentos de capitais, se o objetivo for qualquer análise da dinâmica capitalista, mesmo que estritamente a formação da taxa de lucro média.

Ao contrário da maior parte dos comentadores, desatentos ao significado da concepção de concorrência presente no capítulo IX, Marx estava bem atento a essa restrição, e não foi por outra razão que, no capítulo subseqüente, retornou aos capitais individuais e à dinâmica da mais-valia extraordinária, vale dizer, à dinâmica intra-setorial[2]. Para mostrar como se forma a taxa média de lucro, no capítulo X retornou aos valores, utilizando uma noção de concorrência que pressupõe poder e diferenciação entre as unidades produtivas.

No primeiro contexto, dominante no capítulo IX — formação da taxa média de lucro entre as esferas de produção — a preocupação exclusiva são as transformações na regra do valor impostas pela existência de capitais com distinta composição orgânica, ou a incompatibilidade entre taxa de lucro uniforme e a regra de intercâmbio baseada no valor-trabalho. No segundo contexto, dominante no capítulo X, o objetivo é a explicitação de uma norma social compatível com as diferenças individuais ou, melhor

---

[2] "A questão propriamente difícil é esta: como se opera essa equalização dos lucros numa taxa geral de lucro, uma vez que ela evidentemente é um resultado, e não pode ser ponto de partida" (K, 136).

ainda, a descrição da diferenciação como verdadeira força motriz do capitalismo.

Esse retorno ao valor representa uma retomada da norma mercantil de intercâmbio, bem como uma reaproximação ao plano das capacidades produtivas, sempre referidas a tempo de trabalho. Os capítulos que tratam da formação da norma mercantil (em especial o capítulo "A Mercadoria") não detalham o papel da concorrência — as condições sociais de produção aparecem como médias, sem que haja uma efetiva descrição da maneira pela qual a concorrência conforma as médias — exatamente porque isso requereria um prévio desenvolvimento da noção de capital. No Livro III, a concorrência pode ocupar um papel ativo na formação da regra social. O capítulo X, em especial, retoma os supostos de que os capitais são individualidades em confronto e de que a norma social convive com as diferenças. Das médias passamos às condições efetivamente dominantes, respeitadas as diversas capacidades produtivas.

Antes de desenvolvermos esse aspecto, vale destacar que ambos os contextos — passagem a uma taxa de lucro média, dados capitais com composição orgânica distinta; preservação da diferença, na caracterização da norma social — fazem parte do contencioso com Ricardo. Nas *Teorias Sobre a Mais-Valia*, Marx reiteradamente critica Ricardo por não ter percebido que a existência de uma taxa geral de lucro torna obrigatória a divergência entre preços de custo (nesse texto, preços que proporcionam lucros médios) e valores:

> "Em vez de pressupor esta taxa geral de lucro, Ricardo deveria antes investigar até que ponto sua existência corresponde em geral à determinação dos valores pelo tempo de trabalho, e então haveria visto que, em vez de corresponder a ela a contradiz *prima facie* e que, portanto, sua existência deve ser concebida através de uma série de passos extraordinários (...)" (TMV, 153-4).

A própria conclusão ricardiana de que elevações de salário afetam os valores relativos quando se consideram capitais de diferentes relações capital fixo/capital circulante deve ser contraditada, conforme Marx[3]. O algoritmo da transformação exposto no capítulo IX de *O Capital* diz respeito a esse problema, qual seja, a diferença entre lucro médio e mais-valia individual ou setorial.

Já a diferença entre a mais-valia média e a individual é outra questão, referida à dinâmica da mais-valia extraordinária. Em *Teorias Sobre a Mais-Valia* há um extenso desenvolvimento do assunto, retomado no capítulo X de *O Capital*. Marx agora diverge da fórmula ricardiana de determinação do valor pelas piores condições de produção. O valor geral, ou *de mercado*, dependeria sempre das condições gerais de produção e da produtividade média do trabalho. O valor individual das mercadorias pode coincidir ou não com o valor geral, gerando mais-valia extraordinária ou lucros abaixo da média. Os capitalistas da classe mais produtiva sempre obtêm lucros individuais acima da média. A concorrência entre os capitais determina o valor de mercado, ao ajustar as condições de produção e a demanda, mas em nenhuma circunstância anula a diferenciação. Por essa razão Marx pode afirmar que "(...) a concorrência entre os capitais não determina o valor de mercado ou o preço de mercado mediante a nivelação dos lucros dentro de uma mesma esfera de produção (...)" (TMV, 183). A esfera de produção preserva a diferenciação entre os capitais individuais, ainda que seja único o valor de mercado.

Na análise da formação da taxa média de lucro, Marx suprime qualquer diferenciação entre os capitais, exceto a que diz respeito às composições orgânicas; na análise da formação do valor social, a concorrência não nivela os lucros. Em um caso a concorrência processa-se interesferas; no outro, intra-esfera. Em um caso, trata-se de transformar valores de mercado em preços de custo (ou de produção); no outro, de estabelecer o valor de mercado.

---

[3] Ricardo "(...) haveria de dizer o contrário: ainda que estas diferenças não afetem em nada os valores em si, provocam, pelo diferente modo como afetam os lucros nas diversas esferas, preços diferentes dos mesmos valores ou — diríamos nós — preços de custo não diretamente determinados pelos valores das mercadorias, senão pelo capital nelas invertido mais o lucro médio. Deveria portanto ter dito: estes preços de custo médios diferem dos valores das mercadorias" (TMV, 154).

São dois movimentos diferentes, cuja base comum é a exigência de uma diferenciação radical entre o valor — norma social mercantil — e os preços. Divergências entre valores e preços de produção são um dos aspectos dessa diferenciação; a existência de mais-valia extraordinária, outro; as rendas diferencial e absoluta, ainda outro. O foco da contraposição com a versão ricardiana da teoria do valor-trabalho é exatamente a indistinção entre valores e preços, por ela presumida.

A formação da taxa de lucro médio envolve todos esses aspectos que, não obstante, Marx apresenta separadamente, sob a forma de uma "dupla tendência à nivelação" presente na concorrência:

> "Na concorrência há que distinguir uma dupla tendência à nivelação. Os capitais (invertidos) dentro de uma mesma esfera de produção nivelam ao mesmo preço de mercado os preços das mercadorias produzidas dentro desta esfera. O preço médio de mercado teria que ser igual ao valor da mercadoria se não (se interpusesse) a nivelação entre as diferentes esferas de produção. Entre estas diferentes esferas, a concorrência (encarrega-se) de nivelar os valores à base dos preços médios, sempre e quando a ação de uns capitais sobre outros não se veja interferida, alterada, por um terceiro elemento, a propriedade sobre a terra etc." (TMV, 108).

É importante detalharmos a estrutura conceitual na qual se processa a concorrência intra-setorial. Na verdade, embora ela faça parte da "dupla tendência à nivelação" presente na formação da taxa média de lucro, tem recebido pouca atenção dos comentadores, ao contrário do que ocorre com a nivelação inter-setorial. Os contornos básicos estão delineados nas *Teorias Sobre a Mais-Valia* e podem ser resumidos como segue.

O valor de uma mercadoria é determinado pelo trabalho necessário à produção do volume integral requerido pelo mercado. O trabalho específico necessário para que cada capitalista produza a mercadoria, em suas condições especiais de produção, determina o valor individual. Haverá coincidência entre o valor social (ou geral) e o individual apenas quando o capitalista individual produzir nas condições médias. O valor geral também é denominado por Marx *valor de mercado*, sendo o *preço de mercado* sua expressão em dinheiro. Finalmente, o *preço real de mercado* será aquele cujas oscilações explicam as flutuações do preço de mercado em torno do valor de mercado. Na média essas oscilações desaparecem. Vale notar que a menção a mercado explicita a confluência entre capacidades produtivas e demanda social na conformação da norma social.

A noção de valor de mercado ou comercial é o centro do processo de concorrência intra-setorial, tal como apresentado no capítulo X de *O Capital*. Valor comercial significa norma social chancelada pelo mercado. Será valor médio se a oferta de mercadorias ao valor médio satisfizer à demanda social. Nesse caso, mercadorias produzidas em condições individuais mais favoráveis proporcionarão ao capitalista uma mais-valia extraordinária, e vice-versa.

No entanto, o valor comercial pode ser regulado pelas mercadorias produzidas nas melhores ou nas piores condições, em certas circunstâncias. Tudo dependerá do confronto entre a massa ofertada e a demanda normal. Marx desejava contrapor-se ao preceito ricardiano de dominância das piores condições de produção e, em particular, estabelecer o nexo entre condições de demanda e norma produtiva. Ele entendia que a demanda social pode chancelar preços maiores ou menores e, nessa medida, facultar a permanência ou eliminação de produtores menos eficientes. Pode também induzir a modificações nas condições de oferta, homogeneizando as técnicas produtivas mediante o aumento de participação dos produtores mais eficientes no segmento.

Duas questões devem ser destacadas. Em primeiro lugar, o papel decisivo da demanda (da necessidade social confrontada com os preços) tanto na fixação do valor comercial, dada a oferta, quanto na alteração da norma produtiva. O intento de Marx era contrapor-se à proposição de que os valores de troca são determinados por "oferta e demanda", isto é, no mercado e à margem da norma produtiva e, simultaneamente, recuperar o papel da demanda. De modo a restringir a autonomia do mecanismo de oferta e demanda, ele se refere aos fatores econômicos e sociais que determinam a demanda (nível de emprego, estrutura distributiva etc.) e ao fato de que a própria demanda é determinante de impactos sobre os preços de mercado e até mesmo sobre as condições de produção. Vai aí uma crítica a Ricardo, que teria desprezado o papel da demanda e desconsiderado o impacto das alterações da demanda sobre o preço de mercado. Em *Teorias Sobre a Mais-Valia* os comentários sobre a insuficiência do tratamento ricardiano da demanda são extensos e referidos diretamente às falhas que, a juízo de Marx, ocasionam na teoria da renda diferencial.

Em segundo lugar, cabe destacar a preponderância da noção de mais-valia extraordinária. Essa sobre-remuneração dos capitais que se diferenciam da norma dominante é o verdadeiro fator de indução à diferenciação intra-setorial. A estabilidade da diferenciação dependerá de diversos elementos, associados a tamanho de mercado e mobilidade dos capitais. Marx não apresenta em detalhes os mecanismos de concorrência, mas não resta dúvida de que a mais-valia extraordinária explica a beligerância, a mudança técnica e, em parte, a mobilidade dos capitais. A concepção de mais-valia extraordinária repousa inteiramente nas noções de valor individual e lucro individual e, portanto, no entendimento de que os segmentos produtivos podem comportar uma hierarquia de eficiências, de maior ou menor estabilidade.

6.4 A taxa média de lucro

A transformação de valores em preços de produção implica transitar de uma norma que impõe retornos proporcionalmente diferentes aos capitais adiantados à regra de remuneração homogênea. Uma breve discussão sobre o estatuto teórico e a pertinência empírica da equalização da taxa de lucro pode auxiliar no entendimento da transformação.

O capítulo IX de *O Capital* é constituído sob o pressuposto — enunciado ao final do capítulo VIII — de que "(...) abstraindo diferenças não essenciais, fortuitas e que se compensam, a diversidade das taxas médias de lucro nos diferentes ramos industriais não existe nem poderia existir sem abolir todo o sistema de produção capitalista" (K, 118). Os preços de produção, ou preços que asseguram lucro médio ao capital industrial, seriam uma espécie de tendência dominante no sistema. Ressalvada a existência de capitais que logram furtar-se à regra geral (monopólios, condições especiais de concorrência), para os demais a equalização da taxa de lucro impor-se-ia como tendência.

Contudo, a imposição como tendência não equivale à sua existência como ponto de partida. Pelo contrário, Ricardo é criticado exatamente por assumir a preexistência de uma taxa de lucro, não explicada pelo movimento de nivelação e imposta a todos os capitais individuais. Para Marx, o ponto de partida são sempre as taxas especiais de lucro, ou taxas de lucro dos capitais individuais. Esse ponto de vista permanece em penumbra no capítulo IX porque nele se presumem setores de produção com composição orgânica e taxa de lucro previamente harmonizadas. A dinâmica da formação de taxas de lucro que já aparecem como médias fica submersa, destacando-se no contexto apenas a transferência intersetorial de mais-valia.

A taxa de lucro média tampouco existe como ponto de chegada, ou como forma empírica. Ao tratar da diferença entre taxa de lucro e taxa de juros, Marx esclarece que "(...) a taxa geral de lucro (...) só existe constantemente como tendência, como movimento de equalização das taxas particulares de lucro" (K, 274)[4].

Em suma, a existência de uma taxa de lucro média como tendência não suprime a diversidade (ponto de partida) nem se apresenta como resultado empírico. A taxa de lucro uniforme tem o significado de norma social para o capital, ou regra conceitual de intercâmbio quando as mercadorias são produto do capital. Assim como o valor social não anula os valores individuais, os preços de produção não suprimem as taxas de lucro especiais. Quando

---

[4] Ou ainda: "As taxas particulares de lucro nas diversas esferas da produção são, elas mesmas, mais ou menos incertas; mas, na medida em que aparecem, não é sua uniformidade, mas sua diversidade que aparece. A própria taxa geral de lucro, entretanto, aparece apenas como limite mínimo do lucro, e não como figura empírica, diretamente visível, da taxa real de lucro" (K, 275). Ou, finalmente: "O lucro médio não aparece como fato imediatamente dado, mas só como resultado final, a ser encontrado pela investigação, da equalização de flutuações opostas" (K, 275).

o capital comanda o processo produtivo, a tendência à uniformização da taxa de lucro significa regra de igualdade, limite tendencial e ponto de referência para os capitais. O que interessa é o movimento, ou a maneira pela qual os capitais, na concorrência, orientando-se pela taxa de lucro, nela produzem transformações.

        Os preços de produção conformam uma estrutura teórica distinta de valores, mas igualmente conceitual. A transformação opera a passagem de uma estrutura teórica a outra e, deste modo, a "aproximação à superfície" está longe de representar um encontro com a empiria. A questão merece um comentário, porque habitualmente os preços de produção (mais próximos à "superfície") são entendidos como um ponto além dos valores e muito próximo dos preços reais de mercado e, portanto, como a etapa decisiva na determinação da estrutura de preços relativos[5]. Haveria um estrito encadeamento entre valores, preços de produção e preços reais de mercado, mediando entre os dois últimos uma diferenciação ocasional e irrelevante conceitualmente, mero resultado das flutuações "de mercado".

Entretanto, se considerarmos os preços de produção enquanto uma estrutura teórica adequada ao conceito de capital, e entendermos a aproximação à superfície mais como esclarecimento das formas mistificadas do que como encontro com a empiria, a questão virá a adquirir maior complexidade. No capítulo X, onde o movimento de formação da taxa geral de lucro aparece de modo mais detalhado, Marx transita entre valores e preços comerciais, pouco se referindo a preços de produção. Estão em cena produtores e mercadorias, abstraída a forma conceitualmente capitalista de intercâmbio entre os produtores (preços de produção). A análise das relações entre norma social e oferta e demanda de-

---

[5] Baumol é um dos poucos autores a fugir desse entendimento. Ele discorda de que a aproximação "à superfície" possa significar uma tentativa de explicar preços reais de mercado, já que a teoria do valor de Marx não tem este objetivo. Eu acredito que o presente trabalho seja compatível com a interpretação de Baumol. Ver a respeito Baumol, W. The Transformation of Values: What Marx "Really" Meant (An Interpretation). *Journal of Economic Literature*, 12, March 74.

senrola-se no plano dos valores. Os preços comerciais são entendidos apenas como a forma preço — isto é, referida a dinheiro — dos valores comerciais e a dinâmica mercado/norma produtiva repercute imediatamente no plano dos valores.

Os preços de produção, no caso, aparecem como uma simples extensão dos valores, cuja especificidade reside na adequação à norma do capital. Assim como há uma duplicidade valores/valores comerciais, existe uma análoga duplicidade entre preços de produção e preços de produção comerciais. Em nenhum momento Marx se reporta a uma dinâmica de preços de produção.

Pelo contrário; na análise das relações entre norma social e oferta e demanda, os preços de produção são situados como um dos elementos que se interpõem entre as operações de compra e venda das mercadorias, em um rol de diversos. Segundo *O Capital*:

> "Procura e oferta pressupõem a transformação do valor em valor de mercado, e à medida que ocorrem em base capitalista, à medida que as mercadorias são produtos do capital, elas pressupõem processos de produção capitalistas, portanto relações complicadas de modo bem diferente da mera compra e venda de mercadorias. Não se trata nesse caso da transformação formal do valor das mercadorias em preço, isto é, de uma simples alteração de forma; trata-se dos desvios quantitativos determinados dos preços de mercado em relação aos valores de mercado e ainda aos preços de produção. Na simples compra e venda basta que produtores de mercadorias se confrontem como tais. Procura e oferta, levando-se a análise mais longe, pressupõem a existência das diversas classes e frações de classes que repartem entre si a revenue global da sociedade e a consomem entre si como revenue, que portanto constituem a procura formada pela revenue; enquanto, por outro lado, para compreender a procura e a oferta formada entre si pelos produtores como tais, é mister compreen-

der a estruturação global do processo de produção capitalista" (K, 149).

As "relações complicadas" mencionadas por Marx tanto abrangem as diversas formas de rendimento, quanto "a estruturação global do processo de produção", como o fato de se tratar de obter lucro médio para o capital na produção capitalista, ou seja, venda aos preços de produção. Os capítulos sobre o lucro médio, desse modo, transitam entre dois pólos. Ao serem analisadas as relações de troca entre as mercadorias e os nexos entre norma produtiva e valores de uso, as categorias em interação são preços de mercado e valores. Quanto mencionados, neste contexto, os preços de produção figuram como formas transfiguradas cujas vicissitudes não se discutem, isto é, como simples extensões de valor. Ao serem as mercadorias consideradas produto do capital, vêm à lembrança as "relações mais complexas", que abrangem não só preços de produção como as "classes e subclasses entre as quais se reparte a renda total da sociedade". É como se houvesse um sem-número de mediações entre norma produtiva, lei de igualdade para os capitais e preços de mercado; algo bem além dos limites da seção terceira. A aproximação aos preços reais de mercado envolveria diversas mediações suplementares, totalmente externas à temática dos preços de produção.

6.5 Quando o preço de custo já é preço de produção

As taxas de lucro em cada esfera de produção devem ser obtidas tendo por base o valor das mercadorias. Esse é um ponto de partida incontornável, sem o qual "a taxa geral de lucro (e também, portanto, o preço de produção da mercadoria) permanece uma concepção sem sentido e irracional" (K, 123). Assim sendo, a transformação só pode ser uma rota de mão única, indo de valores a preços de produção.

Para Marx, o espaço de divergência entre valores e preços de produção é apenas aquele delimitado pela repartição da mais-valia entre os capitais individuais. A fração de valor representada pelo preço de custo é entendida como um piso mínimo de retorno para o capital, cuja reiteração no preço de produção das mercadorias não está em discussão na formação da taxa de lucro média. O único problema residiria na fórmula de redistribuição da mais-valia.

Entretanto, em algumas passagens de *O Capital* encontramos considerações sobre o fato de capital constante e variável aparecerem para os capitalistas já na forma de preços de produção, ou seja, mercadorias que foram produzidas e vendidas na condição de produto do capital, assegurando portanto lucro médio, e não preço conforme o trabalho contido. Nessa situação, como calcular a taxa de lucro em valores e em conseqüência como admitir a particular relação entre valores e preços de produção proposta por Marx?

Essa questão tem concentrado as atenções dos comentadores modernos e estado no centro das impugnações e qualificações à teoria do valor-trabalho, a partir do trabalho pioneiro de Bortkiewicz[6]. Tendo-se tornado comum, desde Sweezy[7], afirmar que Marx teria percebido o problema, sem querer ou poder enfrentar suas conseqüências, vale a pena refazer a recuperação textual das passagens em que ele aparece. O intuito é menos o de tornar clara uma exposição bastante obscura e preliminar do que o de explicitar quais as questões em jogo, nesses momentos, para o próprio Marx.

A primeira menção aos efeitos da aquisição dos elementos de capital constante e variável a preços de produção complementa

---

[6] Bortkiewicz, L. On the Correction of Marx's Fundamental Theoretical Construction in the Third Volume of Capital. In: Sweezy, P. (ed.) *Karl Marx and the Close of His System*. NY: Augustus M. Kelley ed. O presente capítulo não tem por objetivo apresentar os principais argumentos na controvérsia moderna da transformação. Uma visão de conjunto sobre a matéria, contemplando as principais posições no debate, pode ser obtida em Lippi, M. *Marx — el valor como coste social real*. Madrid: Ed. Pirámide, 1979; Steedman, I. *Marx after Sraffa*. London: NLB and Verso Editions, 1981; Hodgson, G. The Value of Money, the Value of Labor Power and the Marxian Transformation Problem. *Review of Radical Political Economy*, 14(2), 1982; Shaikh, A. "Marx's Theory of Value and the Transformation Problem. In: Schwartz, J. *The Subtle Anatomy of Capitalism*. Santa Monica: Goodyear Publ., 1977; Possas, M. *Dinâmica e concorrência capitalista — uma interpretação a partir de Marx*. SP: Hucitec, 1989.

[7] Sweezy, P. *Teoria do desenvolvimento capitalista*. RJ: Zahar, 1973. (A primeira edição norte-americana é de 1942.)

a afirmação de que a soma dos preços de produção equivale à soma dos valores. Nessa passagem, Marx utiliza uma analogia entre os diversos setores da produção social e um hipotético capitalista detentor de toda a produção, cujos capitais estivessem distribuídos por segmentos de composição orgânica variada. Não importando o que viesse a ocorrer com os preços de custo — afirma o texto — as massas de mais-valia ou lucro produzidas poderiam ser somadas e consideradas lucro do capital total investido. Para o capital global, a soma dos preços de custo mais a soma dos lucros (preço total) equivale a valor total. O preço total das mercadorias dos diversos segmentos seria "a expressão monetária da quantidade total de trabalho, passado e recém-agregado, contido nas mercadorias (...)" (K, 125). Em suma, preço total = valor total = trabalho pretérito + trabalho novo.

Parece que Marx deseja com o argumento descartar qualquer possibilidade de que a soma dos preços de produção contenha algo além ou aquém da quantidade de trabalho transferido e criado. Para validar a tese, decide confrontá-la com o fato de estarem contidos lucros nos preços dos elementos do capital produtivo adquiridos, ou com o o fato de que "(...) o lucro de um ramo industrial entra no preço de custo de outro" (K, 125).

A curiosa preocupação aqui é com a dupla contagem dos lucros, que estariam incluídos tanto no preço de custo quanto no lucro setorial, propriamente dito, podendo assim estar duplamente representados no preço de produção das mercadorias. A argumentação é reforçada remetendo-se à relação entre mais-valia e valores, e à compatibilização entre o produto de um capital e o produto global da sociedade. Para o capital individual, uma parte do produto repõe o capital e outra representa a mais-valia; para o conjunto dos capitais, o lucro não pode estar representado duas vezes — por exemplo, uma como lucro do produtor do fio e outra como lucro do produtor de tecido. Procedimento similar se aplicaria ao lucro e à mais-valia, valendo em um ou outro caso idêntica conclusão: a mesma massa de mais-valia é redistribuída entre os capitais, sem afetar o valor global produzido[8].

---

[8] "Para o valor das mercadorias é inteiramente indiferente que o

Em resumo: a dupla contagem dos lucros não existe no sistema de preços de produção, assim como não existe no sistema de valores. Conclusão indiscutível, que não elimina entretanto a diferença de significado entre os sistemas de valores e de preços de produção e as dificuldades em compatibilizá-los.

No sistema de valores, os meios de produção, a força de trabalho e o produto estão expressos e representam de fato tempo de trabalho. No processo de produção houve criação de novo valor, ou de um excedente de valor sobre o valor dos elementos produtivos: mais-valia. A soma de capital constante, capital variável e mais-valia ou lucro equivalerá ao produto total de valor; e isso vale tanto para cada setor quanto para a soma de todos os setores. Não há nenhum problema na totalização dos setores produtivos, porque estarão sendo somadas quantidades de trabalho.

No sistema de preços de produção, a soma do preço de custo ao lucro equivale ao preço de produção, em cada setor ou agregadamente. Os elementos do preço de custo, o lucro e o preço de produção das mercadorias podem estar denominados em unidades de trabalho, mas não são mais expressão do trabalho contido nas mercadorias. O lucro não é, em cada setor, diferença entre tempo de trabalho contido na mercadoria e tempo de trabalho contido nos elementos do capital produtivo. Ainda será excedente sobre preço de custo, e nessa medida o lucro global equivalerá ao excedente sobre preço de custo global, sem dupla contagem.

Ao analisar a transferência de valores de capitais de composição orgânica abaixo da média para capitais de composição superior à média e a igualdade entre preços e valores nos capitais de composição orgânica hipoteticamente igual à média, Marx novamente se defronta com o problema da conversão dos elementos do preço de custo em preços de produção. Se os preços de custo não equivalerem ao valor das mercadorias que compõem meios de produção e força de trabalho, ocorrerá modificação na deter-

---

trabalho nelas contido seja trabalho pago ou não-pago. Isso apenas mostra que B paga a mais-valia de A. No cálculo total, a mais-valia de A não pode contar 2 vezes" (K, 125).

minação dos preços de custo e mesmo naqueles setores de composição média poderá ocorrer discrepância entre preço de custo e valor (Marx menciona aqui, curiosamente, valor dos meios de produção). Ainda no caso especial, portanto, "sempre é possível que haja um erro" (K, 128).

Vale lembrar que exatamente nessa situação é aduzida a conhecida conclusão de que "Para nossa investigação presente não é necessário examinar mais de perto esse ponto" (K, 128). O importante são as razões para não se levar adiante a investigação, logo explicitadas:

> "(...) continua sempre correta a proposição de que o preço de custo das mercadorias é sempre menor do que seu valor. Pois, como quer que o preço de custo da mercadoria se desvie do valor dos meios de produção nela consumidos, para o capitalista esse erro cometido no passado é indiferente. O preço de custo da mercadoria é um dado, um pressuposto independente da produção dele, capitalista, enquanto o resultado de sua produção é uma mercadoria que contém mais-valia, portanto um excedente de valor sobre seu preço de custo (...) a proposição de que o preço de custo é menor que o valor da mercadoria se transforma agora praticamente na proposição de que o preço de custo é menor que o preço de produção" (K, 128).

Ou seja (e considerando-se que por meios de produção Marx entenda, no contexto, a todos os elementos produtivos), basta supor que existe valor excedente na mercadoria. O preço de custo é sempre menor que o preço de produção da mercadoria, tese "idêntica à anterior, de que o preço de custo é menor que o valor" (K, 128). O preço de custo refere-se a trabalho pago, e o preço de produção ou valor a trabalho pago e não-pago. É como se disséssemos: por mais que a quantidade de trabalho não-pago contida no preço de produção possa variar conforme a composição orgânica, alguma sempre há. Marx parece querer demonstrar no caso que tanto no sistema de valores quanto no de preços de produção haverá valor excedente.

No capítulo XII, ao discutir o preço de produção das mercadorias de composição média, Marx efetua a terceira menção aos efeitos da expressão dos preços de custo em preços de produção. Conforme o exposto acima, a transformação dos preços de custo pode fazer com que mesmo nas mercadorias de composição orgânica média haja divergência entre preços e valores. Ainda assim, pondera Marx, não será desmentida a tese estabelecida para mercadorias produzidas por capitais com composição média, a saber: "O quantum de lucro que cabe a essas mercadorias é igual ao quantum de mais-valia contido nelas mesmas" (K, 158). O importante para a determinação da mais-valia não seria se as cifras que denotam capital constante, capital variável e valor excedente são expressões do valor real, "mas como se relacionam mutuamente" (K, 158). Se capital constante e variável correspondem à média social, o lucro será igual a lucro médio, e em decorrência a fórmula preço de produção = preço de custo + lucro equivale a valor. Para a mercadoria de composição média "uma elevação ou queda do salário deixa preço de custo + lucro inalterado, neste caso, do mesmo modo que deixaria inalterado o valor da mercadoria e acarretaria apenas um movimento correspondente inverso, aumento ou diminuição do lado da taxa de lucro" (K, 158-9). Vale dizer, como preço de produção é sempre igual a valor no setor de composição média, alterações no custo salarial serão convertidas em variações na taxa de lucro.

Enfim, apesar de os preços de custo poderem não expressar trabalho e, portanto, estabelecer-se divergência entre preço e valor, a manutenção da taxa de lucro ao nível dos demais setores exige invariabilidade dos preços. É como se os produtos fossem vendidos ao valor real; situação em que variações nos salários afetariam somente o volume de mais-valia e a taxa de lucro. Como se pode perceber, trata-se do problema ricardiano de invariabilidade do valor quando ocorrem alterações no custo salarial e na relação lucros/salários. A tese geral vale de qualquer modo para os setores de composição orgânica média, ou setores que expressam a determinação da taxa de lucro para o sistema.

6.6 Algumas conclusões

A transformação de valores em preços de produção é um momento privilegiado na crítica à mistificação das categorias da economia política. Marx acredita finalmente haver demonstrado porque as formas fenomênicas da aparência — lucro, taxa de lucro — ocultam a verdadeira natureza da produção capitalista. Simultaneamente, ao explicitar a existência de contradição entre a determinação do valor pelo trabalho e a existência de uma taxa uniforme de lucro, aponta para uma das inconsistências centrais do sistema ricardiano, que pretende resolver.

Por radicar nas dificuldades teóricas postas pela diversidade de composições orgânicas, o dilema de Ricardo (e de Marx) remete numa primeira instância à nivelação da taxa de lucro dadas apenas as diferenças de taxas individuais de lucro daí advindas. Trata-se de uma nivelação interesferas de produção, definidas essas apenas pelo nível da composição orgânica. Neste plano situa-se o algoritmo da transformação.

Já o movimento real dos capitais na formação da taxa de lucro média exige uma ruptura com a formalidade da noção de concorrência implícita na nivelação interesferas. Marx retorna ao valor, às capacidades produtivas individuais e a uma concepção de concorrência sobretudo disruptiva. Nesse enfoque, o elemento central é a mais-valia extraordinária. O retorno ao plano do valor e da diferenciação implícita na formação da norma social também permite a crítica a outro aspecto da teoria ricardiana do valor, qual seja o da indiferenciação entre os produtores individuais.

A descrição do movimento real dos capitais na formação da taxa geral de lucro complementa a exposição sobre o valor, formulada no Livro I. Se na primeira apresentação da norma social mercantil a idéia de lei realça médias e tendências, na formação da taxa média de lucro diferenciação é a idéia-chave. Ademais, na crítica às concepções vulgares de determinação do valor por oferta e demanda e na crítica ao tratamento insuficiente da demanda por Ricardo, Marx incorpora ativamente a demanda social à conformação da norma produtiva. A conexão entre norma produtiva, necessidades e preços vai muito além da explicitada no Livro I, abrindo um novo ângulo para a apreciação da teoria do valor.

Cabe perguntar-se a razão de, uma vez explicitada a divergência entre valores e preços de produção, não ter havido hesitação na utilização do valor conforme o tempo de trabalho como norma de intercâmbio quando se tratava de discutir o movimento real dos capitais, na concorrência. Em outras palavras, por que razão Marx entende que o plano do valor e da mais-valia é adequado à discussão do movimento real dos capitais, mesmo sabendo que capital constante e variável são sempre adiantados enquanto elementos do preço de custo, ou seja, como valores já "transformados". A resposta é simples: Marx admitia haver plena compatibilidade entre as estruturas de valores e de preços de produção. Os preços de produção seriam simples derivações dos valores, entendida essa afirmação não apenas no sentido de precedência conceitual, mas também no de possibilidade de expressar as leis econômicas fundamentais em valores.

Os argumentos para a defesa da anterioridade do valor em relação aos preços de produção está bem sintetizado ao início do capítulo XII, em uma passagem em que Marx resume as causas de mudanças nos preços de produção. Elas se deveriam a: *i)* alteração na taxa de lucro e, se essa permanecer inalterada, *ii)* variações no valor. A determinação da taxa de lucro, por sua vez, é nessa passagem (e em outras) referida à taxa de mais-valia, ou às mudanças na composição técnica do capital, ambos fatores relacionados à produtividade do trabalho e ao valor. Em última análise, para Marx alterações da taxa de lucro teriam sempre por detrás modificações na norma produtiva, e aí reside ser a base de sua confiança no argumento central de anterioridade do valor.

A emergência do capital e de sua lei de proporcionalidade apenas qualificaria, sem erradicar, a relação entre trabalho e necessidades sociais; e sempre reiteraria, mediada agora pela taxa de lucro, a centralidade da taxa de mais-valia. Por essa razão, a conclusão pôde ser a de que: "Qualquer que seja o modo como os preços das várias mercadorias são, de início, fixados ou regulados reciprocamente, a lei do valor domina seu movimento. Onde o tempo de trabalho exigido para produzi-las diminui, os preços caem; onde ele sobe, sobem os preços, com as demais circunstâncias constantes" (K, 138). A possibilidade de deduzirmos preços de produção de valores reforçaria o entendimento de que a troca conforme o trabalho é a "lei natural" da sociedade.

A afirmação da anterioridade conceitual de valores em relação a preços de produção, naturalmente, não elimina os problemas inerentes à compatibilização entre os dois sistemas. Ambos são sistemas de geração de excedente a partir de trabalho social, mas o sistema de preços de produção rompe os nexos entre trabalho excedente e necessário no interior de cada setor (ou ao nível dos capitais individuais), o que reabre as discussões sobre a relação entre valor, mais-valia e taxa de lucro.

É importante reiterar ainda que o sistema de preços de produção é uma abstração da realidade. O propósito não é retratar os "fatos". Os preços reais de mercado dependem de uma série de mediações que tanto atuam sobre as estruturas produtivas quanto sobre a demanda social. Marx faz uma breve menção aos rendimentos, sem pretender esgotar o tema.

Na verdade, a nivelação da taxa de lucro reporta-se exclusivamente ao capital industrial (o capital da esfera do comércio é depois incorporado de modo subsidiário). Há uma longa cadeia de mediações até os "fatos", e nela os capitais individuais manifestam-se como unidades de poder em conflito e a sociedade e o mundo do capital organizam novas formas de organização econômica e social, afetando a estrutura produtiva e as regras interativas dos capitais. Estamos muito longe dos "fatos" e os preços de produção pouco nos aproximam deles.

A própria existência de uma tendência à uniformização das taxas de lucro, ou da taxa geral de lucro enquanto conceito, depende inteiramente de determinações mais desenvolvidas do capital e da concorrência, principalmente do capital a juros. Apenas a fluidez do capital e a autonomia do valor presentes no capital a juros autorizam a pressuposição de uma taxa geral de lucro como tendência. A imposição da igualdade dos capitais como lei seria um dos tantos processos-limite — a autonomia do capital e a afirmação do valor como abstração universal também são — ou um dos conceitos correspondentes à dominância do modo de produção capitalista no que ele tem de abstrato e tendencial.

O método de Marx implica uma imposição da tendência ao movimento dos capitais individuais, em paralelo à constituição do conceito a partir das formas elementares. Há nesse procedimento uma complexa interação entre indivíduo e gênero, cujo desenvolvimento pleno requer a translação do capital em geral aos diversos capitais. Os capítulos sobre formação da taxa média de lucro estão imersos nesta temática metodológica ampla e irresolvida.

7
O capital a juros

7.1 Valor e formas redistributivas

A transformação de valores em preços de produção pode ser considerada o primeiro passo para a abordagem sistemática da redistribuição dos valores entre os capitais. Trata-se, nesse caso, de uma redistribuição restrita, operada entre os capitais industriais, com a exclusiva finalidade de compatibilizar unidades de capital em condições diversas quanto à relação com o trabalho vivo, tendo em vista a imposição de uma taxa de lucro uniforme.

O Livro III de *O Capital* desenvolve ainda outros passos na direção de formas funcionais do capital, igualmente redistributivas do produto social. Partindo do lucro médio, apresenta em primeiro lugar a maneira pela qual o capital comercial dele participa e a natureza do lucro comercial; em seguida, o capital a juros e a conversão de uma parte da mais-valia em juros; afinal, a renda da terra, ou a conversão do lucro extraordinário em renda da terra. Cada uma dessas formas corresponde a existências funcionais distintas do capital, e todas reforçam a concepção de que o produto da sociedade, ou valor — um abrangente magma social cuja substância é o trabalho — sofre redistribuição entre os capitais na formação da taxa média de lucro (preços de produção) ou após (sob a forma de lucro comercial, juros e renda da terra). Tal redistribuição, naturalmente, tem de se expressar através do sistema de preços.

Há outras manifestações e possibilidades de transferência da substância social, que, no entanto, não se relacionam a diferenciações funcionais dos capitais. Toda mais-valia extraordinária implica participação desproporcional no produto social, entendendo-se aqui a desproporcionalidade no estrito sentido de fuga à norma. Os capitais não submetidos à concorrência apropriam-se, no mesmo sentido, de uma fração desproporcional do produto social. Existem ainda rendimentos não pertinentes a uma modalidade específica de capital (os tributos e as remunerações de atividades não-produtivas são bons exemplos), que nem por isso deixam de envolver outras redistribuições do valor.

A distinção entre valor e preço preserva a coexistência entre o substrato social, normativo e estritamente mercantil do capitalismo (valor) e as diversas modalidades de acesso ao produto, todas necessariamente aquisitivas — ou seja, envolvendo preços e remunerações. Alguns dos preços possuem estatuto próprio e correspondem a formas transfiguradas da mais-valia e do lucro. Outros preços não se relacionam às formas funcionais do capital e explicações sobre mecanismos de formação, se possíveis, estariam localizadas além do sistema teórico desenvolvido no Livro III.

Quando se trata de desenvolver a concepção de capital, uma de suas modalidades funcionais — o capital a juros — merece atenção especial. O capital a juros é uma diferenciação funcional do capital, e o juro, nesse contexto, deve ser visto como simples redistribuição da mais-valia a partir do lucro médio. No entanto, a concepção de capital a juros complementa o núcleo lógico da noção marxiana de capital e, sob esse enfoque, a quinta seção do Livro III de *O Capital* ("Desdobramento do Lucro em Juros e Lucro do Empresário. O Capital a Juros") pode ser entendida não somente como a apresentação de uma das formas transfiguradas de mais-valia, tal como aparecem "na superfície", mas também como: a) o desenvolvimento necessário dos capítulos sobre o dinheiro; b) a culminância do movimento de autonomia do valor, referido desde sempre ao capital; c) uma complementação às idéias de valor e fetichismo, para além do plano estritamente mercantil em que foram apresentadas no Livro I.

São exatamente esses os planos privilegiados no presente capítulo, menos voltado à especificação de discussões sobre circulação, bancos e crises (também contidas na quinta seção) do que à complementação do movimento de auto-exposição do capital.

7.2 O dinheiro

Ao apresentar as formas do valor, Marx expôs a exteriorização do equivalente geral como um desenvolvimento da contradição entre forma social e forma natural, inerente à mercadoria. A existência contraditória da mercadoria enquanto valor de uso particular e valor de troca universal, valor de uso para quem não a produz e não-valor de uso para quem a produz, resolve-se no dinheiro, cujo valor de uso particular corresponde à sua determinação social de equivalente geral.

O dinheiro, por sua vez, também tem uma existência contraditória, na medida em que a tendência à autonomização colide com sua determinação mercantil. Ele só é equivalente geral no intercâmbio, ou na circulação mercantil, situação em que não consegue furtar-se ao confronto com os diversos valores de uso, própria da circulação. Mesmo nas funções de meio de entesouramento e meio de pagamento a autonomia do dinheiro é fugaz, como diria Marx, porque cedo ou tarde sua existência como valor deverá ser submetida à chancela do intercâmbio, vale dizer, ao confronto com as mercadorias, cuja circulação intermedeia.

O capital representa a resolução dessa contradição. O dinheiro que existe em uma circulação cuja finalidade é valorativa *(D-M-D')* tornou-se capital. É autônomo, não por prescindir da mercadoria, mas por ser valor que transita pela forma mercantil sem perder a finalidade valorativa. No circuito *D-M-D'*, mercadoria e dinheiro serão simples modalidades de existência do capital.

Vê-se nessa reconstituição esquemática do processo de auto-exposição do capital a partir da mercadoria que o dinheiro tem uma existência conceitual muito marcada por sua posição no interior dos dois processos de circulação. Em relação à mercadoria *(M-D-M)*, o dinheiro é valor de troca tendente à autonomia; em relação ao capital *(D-M-D')*, é um modo adequado de expressão do valor de troca autonomizado, já que é qualitativamente indiferenciado.

O capítulo da circulação de mercadorias, no Livro I, deve ser entendido como um momento na trajetória da mercadoria ao capital. A apresentação do dinheiro tem como fundo o processo de autonomização do valor, e nela há uma nítida descontinuidade entre o exercício de funções (medida de valores e meio de circulação) inerentes ao circuito M-D-M, e o dinheiro em si, cuja determinação plena pressupõe o circuito M-D-M mas o transcende.

O problema reside na autonomia do valor. Enquanto medida de valores e meio de circulação, ela é meramente aparente[1], tornando-se necessário desenvolver uma existência do valor de troca distinta do modo de ser do dinheiro nessas duas funções[2], para que afinal a mercadoria-dinheiro possa transformar-se em "(...) riqueza universal em seu aspecto individual (...)" (PCEP, 214), recobrando "(...) seu esplendor áureo" (PCEP, 215).

Marx tem em vista as restrições à autonomia do valor inerentes à forma M-D-M e a necessidade de efetuar o trânsito à forma D-M-D. O objetivo é "desenvolver o dinheiro, distinguindo-o de meio de circulação" (PCEP, 213), o que envolve a constituição de um modo autônomo de existência capaz de retomar e superar a unidade das duas funções inerentes à circulação mercantil (medida de valores, meio de circulação). Essa forma desenvolvida de valor, revelada nas funções de meio de entesouramento, meio de pagamento e dinheiro universal, é enfim o dinheiro plenamente determinado.

O importante aqui é que o movimento de autonomização do valor implica que, ainda no plano do dinheiro e anteriormente ao do capital, sejam transcendidos os atributos estritamente mercantis do valor de troca. As funções exercidas pelo dinheiro, embora

---

[1] "Na medida em que o movimento M-D-M consiste na unidade em marcha dos momentos M-D e D-M, que se convertem um no outro, ou na medida que a mercadoria percorre o processo de sua metamorfose total, ela desenvolve seu valor de troca em preço e em dinheiro, para logo em seguida suprimir esta forma para se tornar novamente mercadoria, ou antes, valor de uso. Seu valor de troca passa portanto por uma autonomia meramente aparente" (PCEP, 207).

[2] "Uma mercadoria converte-se em dinheiro enquanto é uma unidade de medida de valor e meio de circulação. Mas como tal unidade o ouro possui ainda uma existência autônoma que se distingue de seu modo de ser em ambas as funções" (PCEP, 214).

referidas por Marx ao ambiente da circulação de mercadorias (capítulo III), já apontam para determinações desenvolvidas do capital — o capital a juros — somente apresentadas no Livro III.

As funções de meio de pagamento e meio de entesouramento, em particular, encontram-se nessa situação. Elas tanto exemplificam a tendência à autonomização do valor de troca, a partir de M-D-M, quanto antecipam o capital a juros, uma existência específica do capital que diz respeito à relação capitalista no que ela tem de mais desenvolvido, apesar de seus antecedentes históricos remotíssimos.

A função de meio de entesouramento possui caráter primitivo e antigo (muito destacado por Marx), porém já compreende uma complexa combinação de determinações mercantis e capitalistas do dinheiro. Por um lado, o tesouro metálico é a mais tradicional das formas estáticas de riqueza. Simboliza intertemporalidade da riqueza e capacidade de preservação e de acumulação do poder aquisitivo social, uma vez que oferece um contraponto à particularidade, naturalidade e perecibilidade das mercadorias.

Como a posse de tesouro metálico personificou riqueza social em todos os tempos, o entesouramento fornece uma boa imagem da cupidez, e preponderam na discussão citações literárias (Shakespeare, Sófocles) relacionando a sede de tesouro à cupidez. Marx refere-se nesse contexto ao "entesouramento em sua forma abstrata", distinto do "entesouramento diretamente exigido pelo processo de troca"[3]. A forma abstrata do tesouro representa uma negação da função monetária de meio de circulação, permitida pela própria natureza bipartida e composta da circulação mercantil (venda, M-D; compra, D-M), que admite cisão e interrupção. Sob esse enfoque, o que caracteriza o entesourador é a avareza: ele vende e se abstém de comprar, tendo em vista a acumulação de riqueza em sua forma geral[4]. Entendido como sim-

---

[3] "Se o entesouramento, em sua forma abstrata, que significa enriquecimento, diminui com o desenvolvimento da produção burguesa, o entesouramento diretamente exigido pelo processo de troca aumenta, ou melhor, uma parte dos tesouros que se constituem na esfera da circulação de mercadorias é absorvida como fundo de reserva de meios de pagamento" (PCEP, 231).

[4] "O móvel impulsionador do entesouramento é a avareza, que

ples fuga à circulação, o entesouramento seria um ato primitivo, característico da "forma bárbara de produção pela produção" (PCEP, 221) e tendente ao desaparecimento com a evolução da produção mercantil.

Por outro lado, o entesouramento é também um complemento ao curso do dinheiro. As flutuações da soma dos preços das mercadorias e da velocidade de circulação do dinheiro impõem mudanças na quantidade total do ouro em circulação, sendo necessário que haja uma permanente reserva de tesouro para ajustar o meio circulante às necessidades de circulação[5]. Essa é uma função inerente à circulação e distinta, portanto, do "tesouro em abstrato".

A moderna acumulação de riqueza social com certeza possui instrumentos que superam o "tesouro em abstrato", transformando a natureza do entesourador e as características do entesouramento. Há diversos ativos e títulos que asseguram a preservação do valor e da riqueza (o objetivo final do entesourador), mas todos eles pressupõem o desenvolvimento do capital a juros e envolvem um comportamento econômico distinto do que preside a formação do "tesouro em abstrato". Não podem ser objeto de consideração quando se discute a simples circulação de mercadorias.

Pode-se argumentar, entretanto, que o próprio tesouro metálico anexo à circulação aponta para determinações que ultrapassam a existência mercantil do dinheiro. A interligação entre tesouro e meio circulante só existe de fato num sistema monetário de certa complexidade, em que o ajustamento dos fluxos de meio circulante se

---

não ambiciona a mercadoria como valor de uso, mas sim o valor de troca como mercadoria. Para apoderar-se do supérfluo em sua forma geral, as necessidades particulares devem ser tratadas como um luxo supérfluo" (PCEP, 217).

[5] "(...) os tesouros aparecem ao mesmo tempo como fontes de abastecimento e canais de escoamento do dinheiro circulante, de tal forma que a quantia de dinheiro que circula como moeda está sempre condicionada exclusivamente pelas necessidades imediatas da circulação" (PCEP, 223).

"Para que a massa de dinheiro que realmente circula satisfaça a todo momento ao grau de saturação da órbita circulatória, é necessário que a quantidade de ouro e prata existente em um país exceda a absorvida pela função monetária. Pois bem, o dinheiro entesourado é o que permite que se cumpra esta condição" (K, 91, 92).

relaciona à taxa de juros. O exemplo inglês, ao qual se reporta Marx, envolve desconto de títulos bancários, restrições à emissão de papel-moeda (lastro metálico), intercambiabilidade entre papel-moeda e moeda metálica. Por mais que se procure deixar de lado elementos que pressupõem o desenvolvimento do "dinheiro de crédito", é difícil imaginar que possa ser operacional o ajustamento entre tesouro e meio circulante sem a mediação da taxa de juros.

Curiosamente, a taxa de juros aparece de modo explícito e indireto em uma citação em nota de rodapé do capítulo terceiro de *O Capital*. Marx reporta-se aos *Discourses upon Trade*, de North, para ilustrar sua tese sobre comunicação entre tesouro e meio circulante, acrescentando a seguir o testemunho (de John Stuart Mill) de que na Índia as jóias ainda exercem papel de tesouro. Conforme Mill (*apud* Marx), os "ornamentos de prata são levados à cunhagem quando há uma alta taxa de juros; eles voltam quando a taxa de juros cai" (K, 113). Quer dizer, o tesouro privado metálico é regulado pela taxa de juros. Mesmo nesse sistema primitivo o estoque de riqueza estática é influenciado pelo preço do dinheiro. Marx está apenas especificando a comparação entre dinheiro metálico e o eventual papel de tesouro exercido pelas mercadorias elaboradas com metais preciosos, mas não deixa de esbarrar na taxa de juros.

Como é natural, os ambientes são bem distintos: o exemplo de Mill trata de um tesouro metálico primitivo e estritamente doméstico; o sistema inglês (no qual se apóia o argumento geral de Marx) combina uma rede de bancos regionais, o Banco da Inglaterra, títulos bancários, conversibilidade e capacidade de emissão. De todo modo, é certo que se quisermos nos transportar do mero "tesouro em abstrato", símbolo de poder e forma primitiva de riqueza, para o tesouro metálico moderno, deveremos levar em conta a existência da taxa de juros.

Já na função de meio de pagamento, a superação das determinações estritamente mercantis do dinheiro aparece de modo mais claro. A possibilidade de o dinheiro ser meio de pagamento origina-se da dissociação temporal entre as transferências de mercadorias e dinheiro, no ato de compra e venda. A mercadoria é cedida mediante uma promessa de pagamento, estabelecendo-se o entre vendedor e o comprador uma relação de credor a devedor, ou seja, cria-se uma dívida. Para Marx, a relação entre credor e devedor é anterior à existência do sistema de crédito, e está na raiz do dinheiro de crédito, constituído a partir da circulação de certificados de dívida mercantil.

Um dos objetivos de Marx era ressaltar a contradição contida na função do dinheiro como meio de pagamento: o dinheiro não é chamado a intervir materialmente quando os pagamentos se compensam (comparece apenas idealmente, como medida), e atua diretamente quando os pagamentos se efetivam. Se ocorrerem perturbações nas cadeias de débito e crédito que dominam as transações mercantis, o dinheiro terá de abandonar sua forma de meio de pagamento e estar presente como dinheiro vivo. As "crises de dinheiro" caracterizam-se exatamente pela depreciação do valor das mercadorias e tentativa generalizada de fuga para o dinheiro metálico.

Outro objetivo de Marx era o de destacar a criação de uma modalidade de entesouramento adaptada à produção moderna, inerente à função de meio de pagamento. Os produtores formam "fundos de reserva de meios de pagamento", gradativa e necessariamente acumulados junto à própria circulação, em função dos fluxos de pagamento recebidos e a efetuar. As mudanças no valor desses fundos, decorrentes de alterações nas condições de produção e no valor dos metais, expressariam o conflito entre a natureza mercantil do dinheiro e sua transformação em valor de troca autônomo[6].

O dinheiro de crédito, que tem origem na circulação dos certificados de dívidas mercantis associados à função de meio de pagamento[7], pressupõe o desenvolvimento do capital a juros e, em decorrência, sua apresentação ocorrerá nas seções corresponden-

---

[6] "(...) o dinheiro desempenha, em tempos diferentes, duas funções distintas; primeiro como medida de valores, depois, como meio de pagamento correspondente a esta medida. Se nesse espaço de tempo houver uma alteração dos metais preciosos (...) a mesma quantia de ouro ou de prata, que serve de meio de pagamento, valerá mais ou menos o que valia na época em que serviu de medida dos valores e na qual foi concluído o contrato. A função de dinheiro, ou de valor de troca autônomo, de uma mercadoria especial, como o ouro ou a prata, entra aqui em conflito com sua natureza de mercadoria particular (...)" (PCEP, 232).

tes. Contudo, o simples estabelecimento de relações de credor a devedor, originadas na circulação mercantil, dependem da taxa de juros. Não há crédito sem remuneração específica pela cessão de dinheiro. Mesmo que os documentos de dívida não circulem, sua mera existência depende da taxa de juros. Se formos pensar nas transferências dos fundos de reserva de meios de pagamento entre os produtores (a que se refere Marx), elas só podem ser operacionalizadas através de juros, sejam ou não mediadas pelo sistema bancário.

Em suma, as duas funções que, a partir do plano da circulação mercantil, representam a tendência à autonomização do valor de troca, pressupõem o desenvolvimento do dinheiro na forma de capital a juros. No capítulo terceiro do Livro I esse movimento ainda está em suspenso porque muitos passos intermediários são necessários: a transformação do dinheiro em capital, a formação da taxa de lucro média, o desdobramento do capital em capital ativo e capital a juros. Não há como introduzir o juro senão a partir da delimitação do lucro médio, do qual será uma subtração. Isso não impede que a existência meramente mercantil do dinheiro deva ser vista como uma abstração: assim como valor e trabalho abstrato pressupõem capital industrial, o dinheiro tendente à autonomia pressupõe capital a juros[8].

A rigor, a autonomização do dinheiro em relação ao intercâmbio imediato e a aquisição de capacidade valorativa irrestrita pelo valor, à margem de sua interveniência direta no processo produtivo sob a forma de capital industrial — as características do

---

[7] "O dinheiro de crédito se origina diretamente da função do dinheiro como meio de pagamento, já que são colocados em circulação os próprios certificados de dívidas por mercadorias vendidas, para transferir os respectivos créditos" (K, 117).

[8] Esta interpretação colide com a de S. de Brunhoff, que propõe uma distinção mais estrita entre as funções gerais da moeda e suas condições capitalistas. Ver a respeito Brunhoff, S. de. *A moeda em Marx*. RJ: Paz e Terra, 1978. Embora com propósitos distintos, parece haver compatibilidade entre a exposição aqui feita e o tratamento dado por Hilferding à matéria. Ver a respeito Hilferding, R. *El capital financiero*. Madrid: Tecnos, 1973.

capital a juros —, são os pressupostos dos deslocamentos de capital que conformam a livre concorrência e impõem as normas mercantis e capitalistas. Em algumas passagens Marx foi explícito, como ao afirmar que o movimento de centralização presente na "lei geral de acumulação" depende da moderna sociedade por ações; ou ao admitir que a mobilidade de capitais presente na nivelação da taxa de lucro (transformação de valores em preços de produção) depende inteiramente do capital a juros.

Em outros contextos a pressuposição não se evidencia devido às características do método expositivo: não se podem antepor categorias ainda não obtidas pelo desenvolvimento antitético do sujeito. É o caso, notadamente, das normas mercantis, cuja existência situa-se em um plano aquém do capital, ainda que a plena mobilidade dos valores necessária à imposição da lei do valor e implícita na determinação do "tempo de trabalho socialmente necessário" exija do dinheiro uma existência autônoma que transcende sua determinação na circulação mercantil. Valor, trabalho abstrato, mais-valia relativa, concentração e centralização etc. — abstrações do modo de produção capitalista que pressupõem a livre concorrência — dependem do capital em suas determinações mais desenvolvidas, o que inclui o capital a juros. O mesmo ocorre com o dinheiro.

7.3 A substantivação do juro como forma autônoma de remuneração

No Livro III de *O Capital* são apresentadas as formas funcionais do capital não diretamente vinculadas à produção de mais-valia e à conformação do lucro médio, entre as quais o capital a juros. Conforme a exposição anterior, a noção de capital a juros acrescenta uma complementação fundamental ao entendimento do capital como "valor que se valoriza", sujeito que resume o núcleo da relação econômica moderna e generaliza o domínio do valor sobre a vida social. O caráter central em relação ao conceito de capital emana da existência do juro como "remuneração do dinheiro": valorização atribuída à forma autônoma do valor de troca, e portanto extensiva a qualquer valor (na forma de dinheiro) pelo simples fato de ser valor.

A substantivação — o juro substantiva-se como uma forma

autônoma de remuneração, distinta e contraposta ao "lucro empresarial" — é o ponto de partida para a apresentação dessas novas determinações do capital e do valor. Sem obscurecer a necessária precedência conceitual do lucro em relação ao juro, a idéia de substantivação dá ao capital a juros uma existência autônoma, e para construí-la são necessárias duas referências imediatas: em primeiro lugar, a conclusão de que, no capital a juros, o capital como tal se converte em uma mercadoria genérica, que tem no empréstimo (e não na venda) sua forma específica de transação; em segundo lugar, a análise dos mecanismos de determinação da taxa de juros.

A primeira conclusão foi introduzida por meio da análise das diferenças entre os processos de circulação do capital e do capital a juros. Segundo Marx, na circulação do capital é a produção em si, e não a transação, que define o caráter de capital da mercadoria e do dinheiro[9]. No capital a juros, ao contrário, é a própria transação que dá ao capital seu caráter específico, pois o dinheiro é lançado à circulação diretamente como capital[10]. Sem que se torne aparente a intermediação do processo produtivo, a valorização aparece como um destino manifesto do capital a juros.

Em relação à taxa de juros, o ponto de partida é a constatação de que a determinação de seu nível é análoga à dos preços comerciais. Ambos dependem da concorrência, ressalvada, na taxa de juros, a inexistência de leis internas de produção, subjacentes à determinação dos preços comerciais[11].

Além disso, os capitais envolvidos na formação da taxa de juros não se diferenciam; eles (na forma de dinheiro) aparecem em blo-

---

[9] "Mercadoria e dinheiro aqui são capital, não à medida que mercadoria se transforma em dinheiro e dinheiro em mercadoria, não em suas relações reais com o comprador ou vendedor, mas apenas em suas relações ideais, ou com o próprio capitalista (do ponto de vista subjetivo) ou como momentos do processo de reprodução (do ponto de vista objetivo)" (K, 258).

[10] "O possuidor de dinheiro que quer valorizar seu dinheiro como capital portador de juros aliena-o a um terceiro, lança-o na circulação, torna-o mercadoria como capital; não só como capital para si mesmo, mas também para outros (...)" (K, 258-9).

[11] "A concorrência não determina aqui os desvios da lei, mas não existe lei alguma da repartição além da ditada pela concorrência, porque, como veremos ainda, não existe uma taxa 'natural' de juros" (K, 267).

co, enquanto a formação dos preços das mercadorias e da taxa de lucro média pressupõe capitais diferenciados quanto a setores de produção e capacidades produtivas individuais. É por essa razão que "O lucro médio não aparece como fato imediatamente dado, mas só como resultado final, a ser encontrado pela investigação, da equalização de flutuações opostas" (K, 275), enquanto o dinheiro, indiferenciado por natureza, aparece no mercado de empréstimo de forma homogênea e global. A concorrência determina a taxa de juros diretamente, sem a mediação de leis internas. As constantes flutuações não impedem que a cada momento ela apareça como dada: um elemento externo e anterior ao processo produtivo.

Para o prestatário, conseqüentemente, a taxa de juros representa um dado, o preço de uma mercadoria como outra qualquer. Os juros significam custos a serem subtraídos dos lucros para apuração do "lucro líquido". De acordo com Marx, uma distinção puramente quantitativa — já que juros e lucro líquido fazem parte do mesmo lucro médio — converte-se em diferença qualitativa entre juros e "lucro do empresário". O juro passa a ser visto como rendimento da propriedade ou do capital em si, ao passo que o lucro do empresário aparece como produto do capital em função[12]. Essa diferenciação encontra base real na efetiva especialização funcional entre as classes de capitalistas ativos e de prestamistas.

Tal processo corresponde a uma substantivação das duas partes do lucro bruto entre si, "(...) como se originassem de duas fontes essencialmente diversas (...)" (K, 280). E na medida em que o mercado de crédito oferece a todos os capitais a possibilidade de obterem o juro como remuneração mínima, a autonomização adere ao conjunto dos capitais. Ainda que o capitalista aplique seus próprios recursos na produção, contabilizará os juros como rendimento do capital, ao lado do "lucro líquido".

A criação de canais eficientes de centralização de recursos con-

---

[12] Em face do capitalista ativo "(...) o juro aparece (...) como mero fruto da propriedade do capital, do capital em si, abstraído o processo de produção do capital, a medida que ele não 'trabalha', não funciona; (...) enquanto o ganho empresarial lhe aparece como fruto exclusivo das funções que ele desempenha com o capital, fruto do movimento e do processamento do capital, o que lhe aparece agora como sua própria atividade, em oposição à inatividade e à não-participação do capitalista monetário no processo de produção" (K, 280).

suma a transformação de qualquer dinheiro em capital (de empréstimo) potencial. Um melhor desenvolvimento do argumento requereria uma prévia apresentação do crédito, mas de todo modo já fica evidente que uma das conseqüências mais significativas da idéia de substantivação é a extensão da faculdade de ser capital a qualquer fração de dinheiro.

Marx chamava especial atenção para as conseqüências da especialização das funções do capital sobre a relação entre o capital e o trabalho. O capital ativo passa a não ter o trabalho assalariado imediatamente como termo antagônico. A elevação da taxa de juros subtrai imediatamente valores ao lucro empresarial, e, assim, a oposição entre lucro e juros (entre capital produtivo e capital a juros) torna-se explícita, deslocando para um segundo plano o antagonismo entre o trabalho assalariado e o capital. Além disso, ocorreria um descolamento entre a função empresarial do capital e a relação de propriedade; o lucro empresarial tomaria a forma de uma modalidade específica de remuneração do trabalho, ou *wages of superintendence*.

O obscurecimento da relação social seria coroado pela forma, externa ao processo de produção e totalmente fetichizada, do capital a juros: D-D'. Nessa forma, "a coisa (dinheiro, mercadoria, valor) já é capital como mera coisa, e o capital aparece como simples coisa" (K, 293). No capital a juros "esse fetiche automático está elaborado em sua pureza, valor que valoriza a si mesmo, dinheiro que gera dinheiro, e ele não traz nenhuma marca de seu nascimento" (K, 294).

7.4 O crédito

A função do dinheiro como meio de pagamento origina-se do desmembramento do processo de circulação em suas duas etapas contrapostas *(M-D/D-M)* e está na origem do sistema de crédito. O que Marx denomina de sistema de crédito tem suas bases no crédito comercial: desembolsos de uns produtores a outros, propiciados pela recorrente existência de recursos disponíveis e acumulados no interior do circuito reprodutivo. Nessa perspectiva, o sistema de crédito deve ser entendido como uma característica de sistemas mercantis desenvolvidos. Ele caracteriza o capitalismo moderno, ao contrário da usura e do capital a juros em suas formas históricas, que figuram entre as "formas antediluvianas do capital que por longo tempo precedem o modo de produção capitalista (...)" (K, III, 555), em conjunto com o capital comercial.

A circulação dos títulos mercantis de crédito expedidos por produtores e comerciantes, por sua vez, forma a base do "dinheiro creditício". Diversos documentos de crédito, entre os quais os títulos bancários emitidos privadamente e que funcionam como verdadeira moeda[13], estão aí compreendidos, o que implica uma grande economia nos gastos sociais de circulação.

A noção de dinheiro de crédito reforça a concepção de que o dinheiro é uma relação social privada. Assim como as relações entre mercadorias criam o equivalente geral, as relações de crédito estabelecidas entre capitalistas privados criam dinheiro creditício. Essa faculdade de os capitalistas criarem dinheiro, pela simples transferência de poder de compra de uns aos outros, exige que a circulação de dinheiro seja entendida como caudatária da produção e circulação mercantis. Para Marx, crédito, circulação e indústria fazem parte de um mesmo movimento[14]. O dinheiro é uma relação social privada.

---

[13] "Assim como esses adiantamentos recíprocos dos produtores e comerciantes entre si constituem a base propriamente dita do crédito, seu instrumento de circulação, a letra de câmbio, forma a base do dinheiro de crédito propriamente dito, das notas de banco etc." (K, 301).

[14] Marx encontrou uma síntese das relações entre produção, comércio e crédito em um trecho de outro autor, Coquelin, que transcreve: "Em cada país, a maioria das transações de crédito efetua-se no próprio círculo das relações industriais, (...) o produtor da matéria-prima adianta-se ao fabricante que a processa, e recebe dele uma nota promissória com vencimento fixo. O fabricante, depois de executar sua parte do trabalho, adianta, por sua vez e em condições semelhantes, seu produto a outro fabricante, que tem de continuar a processá-lo, e desse modo o crédito se estende sempre mais... até o consumidor. O atacadista faz adiantamentos de mercadoria ao varejista, enquanto ele mesmo os recebe do fabricante ou do comissário. Cada um toma emprestado com uma mão e empresta com a outra... Assim realiza-se, nas relações industriais, um intercâmbio incessante de adiantamentos, que se combinam e se cruzam em todas as direções. Justamente na multiplicação e no crescimento desses adiantamentos recíprocos consiste o desenvolvimento do crédito (...)" (K, 303).

O desenvolvimento do comércio de dinheiro proporciona outra característica ao sistema de crédito. Os bancos transformam-se num ramo especializado dos negócios capitalistas, passando a centralizar os fundos de reserva dos capitais industriais e comerciais e a atrair dinheiro que esteja momentaneamente inativo. Fundos de reserva, pequenas economias, rendas a serem gastas paulatinamente, aglomeram-se e formam o fundo de empréstimos dos bancos. O sistema de crédito adquire maior eficiência e flexibilidade e, em decorrência, potencia a produção, a circulação e o consumo.

Como se vê, os bancos não só administram o crédito comercial como proporcionam o "verdadeiro crédito de dinheiro" ou crédito bancário, que consiste em transferências de dinheiro concedidas por banqueiros e prestamistas de modo geral, tendo como suporte a centralização nas casas bancárias de recursos de toda ordem. Em *O Capital* não se encontra uma especificação completa e autônoma da noção de crédito de dinheiro, mas, na análise das relações entre crédito comercial e crédito bancário (e de seu impacto sobre a taxa de juros), há passagens ilustrativas. O principal objetivo de Marx nessas passagens era o de distinguir o capital-dinheiro do capital efetivo, o capital de empréstimo da acumulação real, como meios para efetuar a crítica da concepção de capital compartilhada por banqueiros e adeptos do *currency principle*[15]. A complexa interação entre as duas modalidades de crédito e as flutuações da taxa de juros ao longo do ciclo econômico mostra haver relação entre as "crises de dinheiro" e o curso da circulação mercantil.

O trecho privilegiado para o entendimento das "crises de dinheiro" é a detalhada descrição do movimento cíclico na década

---

[15] Toda a análise da moeda e do crédito em Marx está profundamente influenciada pela polêmica, intensa entre 1820 e 1850, a respeito da política monetária inglesa. Os principais contendores eram os adeptos da *currency school* e da *banking school*. Marx é um firme adepto da *banking school* e se vale extensamente das críticas de seus principais expoentes, Tooke e Fullarton, à Overstone e à *currency school* de modo geral. A respeito do debate entre as duas escolas, veja-se Costa, F. *Por uma teoria alternativa da moeda*. Unicamp, 1994; e Schwartz, A. Banking School, Currency School, Free Banking School. In: Eatwell, Milgate & Newman (eds.). *The New Palgrave: Money*. London: Macmillan, 1989.

de 1840, contida no capítulo XXV ("Crédito e Capital Fictício"). Nela estão encadeados os diversos elementos que compõem as crises reais: produção e circulação industriais, exportações, movimento de reservas cambiais, variações na taxa de lucros, aplicações de capital em novos negócios (principalmente ferrovias), estado da produção agrícola, movimentos especulativos... A descrição do ciclo penetra na institucionalidade do sistema de dinheiro e de crédito e no curso real dos acontecimentos — o que extrapola o objetivo restrito de "caracterizar o modo de produção capitalista em geral" (K, 301), sob o qual foi elaborada a seção do capital a juros — e dá uma idéia dos entrelaçamentos entre dinheiro, crédito e produção que a noção de capital a juros permite desenvolver. Marx procura mostrar como uma produção excessivamente alargada pelas elevadas taxas de lucro e pelo movimento especulativo, subitamente se vê às voltas com crises cambiais e monetárias. Basta uma fagulha (crise na produção de alimentos, por exemplo) para produzir um desajuste no equilíbrio câmbio-moeda com profundas repercussões na produção. O sistema de crédito e a especulação a ele associada potenciam a crise de confiança, assim como antes estimularam a produção.

Já a crítica à concepção de capital dos banqueiros aparece de modo concentrado no capítulo XXVI[16], prosseguindo nos três capítulos sobre capital-dinheiro e capital efetivo (capítulos XXX, XXXI, XXXII) que especificam os mecanismos de determinação da taxa de juros e as causas de suas flutuações. O objetivo do texto, no caso, era o combate à concepção de Overstone e adeptos da escola do *currency principle,* que teriam confundido capital e dinheiro, crédito de capital e crédito de dinheiro. Em uma extensa nota, efetuada na qualidade de editor, Engels concluía que para Overstone "o banqueiro é sempre alguém que 'adianta capital', e seu cliente é quem lhe pede 'capital'" (K, 325). Nessa perspectiva, o capital confunde-se com mercadorias e o dinheiro é sempre considerado um instrumento para obter capital.

---

[16] "Acumulação de Capital Monetário, Sua Influência Sobre a Taxa de Juros", capítulo composto na maior parte por extensas transcrições de relatórios parlamentares e notas de Engels.

A nota de Engels procurava sintetizar o entendimento de Marx sobre a matéria. Resumidamente: do ponto de vista do banqueiro, todo empréstimo parece ser "adiantamento de capital", o que só é exato "Se o dinheiro é diretamente desembolsado em empréstimo (...). Se é investido no desconto de letras, então é para ele, de fato, adiantamento até o vencimento da letra" (K, 325). Teria havido uma confusão entre "empréstimo" e "adiantamento". O "adiantamento", de acordo com Engels, não é cessão de capital, pois nada acrescenta ao capital do tomador de recursos. Contudo, essa idéia "transplantada do escritório bancário para a economia política" dá origem à confusão sobre "se aquilo que o banqueiro põe à disposição de seus clientes, em dinheiro em espécie, é capital ou meramente dinheiro, meio de circulação, *currency*" (K, 326).

O ponto de vista do cliente seria a única base para o esclarecimento da confusão. Haverá transferência de capital-dinheiro quando o empréstimo for baseado em crédito pessoal, ou seja, se não houver garantias reais em capital por detrás. Havendo garantias, o crédito é antecipação, mas não de capital, pois as garantias já são capital de valor superior; neste caso, o cliente necessita apenas de dinheiro. Finalmente, se a operação for um desconto de letras, nem a forma de antecipação existe; trata-se de uma transferência bilateral de capital, troca de dinheiro por títulos.

Em síntese, a crítica às idéias de Overstone, além das conseqüências sobre a análise da determinação da taxa de juros, sintetiza a diferenciação entre operações mercantis (mediadas ou não por bancos) e créditos bancários no sentido estrito; e ilustra a distinção entre circulação e capital. O que os banqueiros entendem por necessidade de capital é em geral apenas necessidade de *currency*. A operação de crédito, nessas circunstâncias, somente acelera a transformação do capital em seus elementos (mercadorias e dinheiro), o que não deixa de exercer impactos indiretos notáveis sobre a acumulação de capital. É apenas em situações bem localizadas que as operações bancárias envolvem criação de capital.

As sociedades anônimas ocupam um lugar especial na análise do papel do crédito na produção capitalista. Marx considerava que o desenvolvimento das sociedades anônimas propiciou: 1. a extensão da escala de produção e do tamanho das empresas a limites inacessíveis aos capitais individuais; 2. a transformação da propriedade privada em propriedade social, em uma "superação do capital como propriedade privada dentro dos limites do próprio modo de produção capitalista" (K, III, 332); 3. a transformação do capitalista ativo em gerente e dos proprietários em simples capitalistas de dinheiro e; 4. a concessão ao capitalista individual de um poder absoluto de disposição sobre capital alheio e sobre trabalho alheio.

O primeiro e o quarto pontos — ampliação de escalas produtivas e de tamanhos de empresas; expropriação de capitais — têm relação direta com a centralização de capitais, já contemplada no contexto da lei geral de acumulação. As sociedades por ações e o crédito em geral são vistos como os mais poderosos instrumentos de centralização e explicam os saltos tecnológicos e as transformações na organização das empresas, característicos do capitalismo. A concorrência entre os capitais opera aqui como um instrumento de destruição dos mais fracos, e o crédito proporciona meios para a exacerbação da concorrência.

Marx cogitava de um processo expropriatório frenético dos pequenos capitais, acentuado pelo jogo da bolsa[17]. Ocorreria redução do número de indivíduos que exploram a riqueza social, o que aponta para uma espécie de resultado-limite da expropriação e do próprio capitalismo como regime social.

A perda do caráter privado da propriedade é também um resultado-limite, só que positivamente relacionado com a transição para um novo regime de produção. Marx destacava o papel das fábricas cooperativas de propriedade de trabalhadores, considerando-as, assim como as sociedades acionárias, formas de transição entre o regime capitalista de produção e o de produção associada. A transformação do capitalista ativo em gerente, e do proprietário em capitalista de dinheiro, envolve mudanças de papéis sociais e acarreta um importante resultado econômico. Nas

---

[17] A bolsa é um lugar onde "(...) os pequenos peixes são devorados pelos tubarões e as ovelhas pelos lobos da Bolsa" (K, 334).

sociedades anônimas, os lucros distribuídos como dividendos tomam a forma de juros, mesmo incorporando juros e lucro líquido. Produz-se uma separação radical do capital enquanto função e enquanto propriedade. O lucro aparece integralmente como "simples apropriação de mais-trabalho alheio, oriundo da transformação dos meios de produção em capital, isto é, (...) de sua antítese como propriedade alheia a todos os indivíduos realmente ativos na produção, do dirigente até o último dos diaristas" (K, 332). A conversão dos lucros em juros (dividendos) representaria mais um passo na transformação das funções do processo de produção em funções sociais, além de tornar possível a continuidade dos negócios quando ocorrer queda na taxa de lucros, já que se os lucros são percebidos como juros podem aproximar-se de seu nível.

Em suma, a sociedade por ações é considerada por Marx um fantástico instrumento de centralização, potenciação das capacidades produtivas e expropriação. Trata-se também do instrumento que afinal converte o lucro — resultado do processo produtivo — em juros — pagamento devido à propriedade na forma de dinheiro.

7.5 O capital fictício

Na quinta seção do Livro III, a discussão sobre o capital fictício está toda ela relacionada à análise dos componentes do capital bancário. A distinção entre capital efetivo e capital bancário tem em vista as divergências mais amplas com os adeptos do *currency principle*, envolvendo posições sobre a natureza do capital e as diferenças entre capital e dinheiro. Na medida em que o capital bancário é composto por dinheiro sonante (ouro ou bilhetes) e títulos que podem representar "duplicatas de capital", sem serem capital no sentido primitivo, Marx sentira necessidade de esclarecer a origem e o significado das "duplicatas".

A relação entre renda e capital é o ponto de referência nessa matéria. A forma do capital a juros tanto propicia que "cada rendimento monetário determinado e regular apareça como juro de um capital, quer provenha de um capital ou não", como a recíproca disso, vale dizer, que "cada soma de valor apareça como capital, desde que não seja despendida como rendimento; a saber, como soma principal em antítese ao juro possível ou real que pode proporcionar" (K, 10). O ato da capitalização converte qualquer valor capitalizado em capital.

A dívida pública é a primeira das formas do capital a juros analisadas como capital fictício. Apesar de o credor da dívida pública nada poder reivindicar do Estado além de uma participação nos fluxos de tributos, o crédito pode ser vendido a terceiros: representa uma propriedade cujo valor pode a qualquer momento ser convertido em dinheiro e em novo capital. O título de dívida seria capital ilusório, ou fictício, no duplo sentido de que seu valor não mais existe, e nunca foi despendido como capital[18].

Vale notar que se o capital fictício, ao contrário do "real", não possui a capacidade de "conservar-se a si próprio", ainda assim possui uma forma própria de valorização, ou um valor comercial específico e distinto do valor nominal dos títulos. Marx tanto chamava a atenção para a capacidade específica de valorização quanto para a desconexão entre ela e o valor do "capital real", se tiver existido "capital real" na origem de um título. No caso da dívida pública nunca houve "capital real", e o valor comercial dos títulos flutuará de acordo com a taxa de juros. No caso das ações, as variações de valor em nada afetam o valor da riqueza nacional efetiva, embora possa ter havido uma contrapartida de capital "real" na sua emissão. As ações são apenas um direito a receber mais-valia. Trocam de mão sem que haja nenhum movimento no "verdadeiro capital"[19].

Marx desejava chamar atenção para o fato de a acumulação de capital-dinheiro muitas vezes nada mais signifi-

---

[18] "A soma que foi emprestada ao Estado já não existe ao todo. Ela em geral jamais se destinou a ser despendida, investida como capital, e apenas por seu investimento como capital ela teria podido converter-se num valor que se conserva" (K, 10).

[19] "Todos estes papéis representam de fato apenas direitos acumulados, títulos jurídicos sobre produção futura, cujo valor monetário ou valor-capital ou não representa capital algum, como no caso da dívida pública, ou é regulado independentemente do valor do capital real que representam" (K, 13).

car do que acumulação de títulos de valor-capital ilusório[20]. Como uma parte substancial do capital bancário é composta por tais títulos, constitui também capital puramente fictício. Nem por isso os títulos deixam de servir como fundo de reserva dos bancos, permitindo a concessão de crédito.

Predomina na discussão de Marx sobre o capital bancário — e por esse meio penetra fortemente na temática do capital fictício — a idéia de "duplicação": o capital fictício não pode ser considerado novo capital, ao lado do "capital real". Ainda assim, é importante considerar que a noção de capital fictício transcende o sentido de irrealidade (ou mesmo de falsificação) inerente ao debate sobre "duplicação". Se os títulos "funcionam como capital para seus proprietários na medida em que são mercadorias vendáveis e, por isso, podem ser retransformados em capital" (K, 20), a noção de capital fictício remete também a posse, riqueza, valor.

O ilusório ou fictício, como esclarece Marx ao tratar da dívida pública, não é o título, mas o valor-capital do título, tanto porque o "valor real" não mais existe como contrapartida, como porque o valor comercial possui uma dinâmica própria de valorização. O título é um valor que se desgarra de suas bases primitivas. Pode não representar riqueza nacional no sentido originário — como alertou Marx nas discussões sobre capital bancário — mas representa a moderna riqueza fiduciária. Afeta de modo decisivo a estrutura das rendas capitalistas e a atividade bancária em geral, idéia também contemplada na quinta seção.

7.6 Principais conclusões

A forma do capital a juros converte todo fluxo de rendimentos em fruto de um capital, e toda renda capitalizada em capital, haja ou não "capital real" na origem. Nesse capital

---

[20] "Em todos os países de produção capitalista existe uma massa enorme do assim chamado capital portador de juros ou *moneyed capital* nessa forma. E por acumulação do capital monetário em grande parte deve ser entendido apenas a acumulação desses direitos sobre a produção, acumulação do preço de mercado, do valor-capital ilusório desses direitos" (K, 13).

constituído a partir da capitalização "Toda a conexão com o processo real de valorização do capital se perde assim até o último vestígio, e a concepção do capital como autômato que se valoriza por si mesmo se consolida" (K, 11). O capital fictício consagra o caráter simbólico, fortemente sujeito a componentes especulativos e fluido da riqueza capitalista e afinal consuma, enquanto determinação do capital a juros, a autonomização do valor a partir do dinheiro.

Note-se que ambas as idéias — eliminação de qualquer sinal do "verdadeiro processo de valorização" e afirmação do automatismo do valor — acompanham a concepção marxiana de capital e põem em evidência dois de seus aspectos mais importantes. Para Marx, com efeito, o capitalismo é uma relação social que esconde suas determinações econômicas essenciais. O ocultamento ocorre não só no plano do valor e da circulação, com o fetichismo das mercadorias, mas também no âmbito do processo de produção (o processo de trabalho naturaliza as relações sociais) e no plano do capital, com a formação da taxa de lucro média e a decorrente desconexão entre produto excedente e capacidade produtiva individual. Finalmente, com o capital a juros e a "fórmula trinitária", a fetichização da relação social atinge o ponto culminante.

Na fórmula do capital a juros, $D\text{-}D'$, consuma-se a automatização do valor. O dinheiro adquire capacidade valorativa simplesmente por ser dinheiro. O sistema de crédito confere a qualquer fração da riqueza social, representada no dinheiro, a capacidade de tornar-se capital, ou meio de acesso a mais valor social. O dinheiro liberta-se da circulação (do intercâmbio mercantil) e do processo produtivo, por mais que por detrás dos juros haja lucro e mais-valia, vale dizer, um produto excedente referido à produção.

O forte componente especulativo de uma riqueza que é em grande parte fiduciária, a despeito de suas bases produtivas e mercantis, é uma das conseqüências do sistema de crédito mais ressaltadas no texto de *O Capital*. O crédito amplia indefinidamente os horizontes do capital, mas a especulação por ele potenciada, e inerente à autonomização do valor, coloca a todo tempo em xeque o próprio valor.

Note-se que a substantivação do juro como uma remuneração independente do lucro, ponto de partida para a consumação da fórmula D-D', é um resultado que emana do próprio movimento do capital. O fato de o capital se desdobrar em capital a juros pertence a sua natureza conceitual. Esse movimento de autonomização do valor reitera o caráter auto-referido do capital, uma relação social que se define pelo próprio objetivo do sujeito: o capital é valor que se valoriza (ou dinheiro que se lança à circulação tendo em vista a expansão do valor). Desse modo, a noção de capital a juros permite um retorno ao núcleo primário da concepção de capital; o acréscimo de novas determinações, resultado do movimento de "aproximação à superfície", acaba reforçando o que há de nuclear e originário no conceito de capital.

O reforço à concepção de valor talvez seja o produto mais paradoxal do capital a juros. Primariamente uma norma econômica mercantil, o valor transforma-se afinal em demiurgo da vida moderna. Se o sistema de crédito em si já difunde o valor, ao potenciar a produção em bases industriais, o capital a juros, de um modo geral, infunde valor ao tempo, a títulos, a direitos. Transforma o mundo moderno em um imenso sistema em que o acesso ao produto social, transcendendo leis de intercâmbio mercantil e leis de produção, subordina-se à valorização da riqueza, em si. O fetichismo do capital consagra o valor como um objetivo universal.

IMPRESSO POR
PROVO GRÁFICA
TEL.: (011)418-0522 FAX R. 30